15초면 충분해,
틱톡!

15초면 충분해, 틱톡!

Copyright ⓒ 2019 by Vega Books, Co.

이 책은 저작권법에 따라 보호받는 저작물이므로 무단전재와 무단복제를 금지하며,
이 책 내용의 전부 또는 일부를 이용하려면 반드시 베가북스의 서면동의를 받아야 합니다.

※ 본 출판물에서 사용된 틱톡(TikTok) 관련 문자, 표장, 로고 등은 서비스 제공사의 허락하에 사용된 것으로서 해당 부분에 대한 무단 사용이 금지됩니다. 또한, 틱톡 서비스나 기능의 이용 방법이나 이용 예시는 서비스 제공사의 입장과는 무관하게 작가인 옐언니 또는 출판사의 주관적인 경험을 토대로 작성된 것으로서 틱톡 서비스에 관한 공식적인 이용 방법이나 약관의 내용과는 차이가 있을 수 있습니다.

옐언니와 함께하는
틱톡 & 유튜브 완벽 가이드

15초면 충분해, 틱톡!

옐언니 지음

'옐언니'는 여러분이 만들어준 수많은 별 중 하나입니다.

안녕하세요, 여러분! 옐언니입니다! 아핫~★ 틱톡과 유튜브에 재미있는 영상을 올리기 시작한 지 어느덧 2년이라는 시간이 지났네요. 그동안 여러분이 보내준 관심과 응원 덕분에 옐언니가 드디어 책을 내게 되었어요! (짝짝짝) 이 책은 온전히 저의 힘으로만 만들어진 것이라고 생각하지 않아요. 옐언니에 대한 여러분의 따뜻한 사랑이 없었다면, 이 책은 세상에 나오지 못했을 거예요. 정말 감사드려요♥

처음 출간 제의를 받았을 때, 초창기 제 모습이 떠오르더라고요. 유명한 동영상 크리에이터들의 영상을 보면 현란한 기술을 아무렇지 않게 펼쳐 보이고, 편집도 굉장히 잘되어 있잖아요. 저도 그분들처럼 완성도 높은 영상을 만들고 싶었어요. 하지만 어디서부터 어떻게 시작해야 할지 몰라 당황했죠. 여러분도 그때의 저와 같을 거라고 생각해요.

〈15초면 충분해, 틱톡!〉은 그동안의 경험을 바탕으로 틱톡과 유튜브에 대한 노하우를 정리해 제작되었어요. 그렇다고 프로 편집자나 제작자들이 사용하는 '고오~급' 기술을 설명하는 것은 아니랍니다. 틱톡과 유튜브를 처음 접한 분들도 쉽게 따라 할 수 있게끔 내용을 구성했죠.

그러니 여러분! 겁내지 말고, 망설이지 말고 틱톡과 유튜브를 시작해봐요. 물론, 이제 막 틱톡과 유튜브에 발을 들인 분들에게는 모든 것이 낯설고 어렵게 느껴질 수 있어요. 하지만 그렇다고 계속해서 머뭇거리고만 있을 수는 없잖아요? 자고로 영상 편집과 제작은 직접 해보고 부딪히면서 배워야 하는 법이니까요! 부디 여러분이 이 책의 도움을 받아 영상제작을 조금이나마 더 편하게 할 수 있었으면 좋겠어요.

출간 준비를 하면서 지금까지 올렸던 영상을 쭉 살펴보니 여러분이 남긴 댓글들이 눈에 들어오더라고요. 크리에이터로 활동하는 것이 때로는 부담스럽고 힘들 때가 있었는데, 여러분의 응원 댓글을 보며 다시 일어설 수 있었어요. 또, 진심 어린 조언 댓글을 보며 부족한 점을 파악하고 고쳐나갈 수도 있었고요.

옐언니는 저 최예린이 아니라, 여러분이 만들어준 수많은 별 중 하나라고 생각해요. 옐언니가 되어 여러분 앞에 설 때가 저는 세상에서 제일 행복하답니다. 정말 고마워요, 여러분! 앞으로 더 다양한 분야에서 여러분과 만날 기회가 많이 있었으면 좋겠어요.

마지막으로 함께 열심히 도와주신 비디오빌리지 식구들과 출판사 편집부 여러분에게 감사의 인사를 전합니다. 그럼 우리 또 틱톡에서 만나요! 안녕~★

신사장 '틱톡'하면 제일 먼저 생각나는 대표 틱톡커 옐언니가 알려주는 틱톡의 모든 것이라니! 우예에! (*ˇωˇ*)و 틱톡 초보분들 그리고 옐언니 사진 보고 싶은 옐바라기들! 어서 당장 구매하시라구욧! 옐언니, 앞으로도 꽃길만 걷고 흥하자. 아핫/

은우 항상 재미있고 예쁜 영상들을 많이 만들어 올려주는 옐언니가 책을 낸다니! 이건!! 당장!! 사야해요!! 출간 정말 축하하고 앞으로도 좋은 영상 많이, 많이 부탁해~_~

유링딩 ★주목★ 틱톡 여신 옐언니의 책이 나온다고요?! 틱톡이 궁금했던 분들, 옐언니 팬분들 모두 모이세요^^! 어디서도 보지 못했던 큐티뽀작 사진도 만나볼 수 있는 절호의 기회라고요! 옐언니 화이팅! ㅅ...사...ㄹ...아니, 그냥 좋아합니다.

유니 틱톡에 대해 궁금해하던 내용만 딱, 딱 골라 담은 정말 유용한 책이에요. 한 마디로 틱톡 지침서! ♥예린이 내가 많이 응원해♥

소나 크리에이터를 꿈꾸는 사람이라면 꼭 읽어야 할 책이 나왔어요. 이 책 한 권이면 틱톡과 유튜브에 대한 지식과 노하우를 모두 배울 수 있답니다. 그뿐만이 아니죠! 책을 읽다 보면 옐언니의 매력에 풍덩 빠져 헤어나올 수 없을 거예요! 부디 다들 옐언니에게 빠질 준비가 되셨기를!! :)

추천사

양띵 옐언니의 노하우를 가득 담은 책이 나오다니! 틱톡 시장과 유튜브 시장에 새로운 바람이 불겠어요. 〈15초면 충분해, 틱톡!〉를 읽고 크리에이터를 시작한 분들도 그 바람을 타고 훨훨 날아다니시길 바랍니다. 언제나 응원해요. 사랑해요, 옐언니♡

미니 진짜 못 하는 것이 없는 옐언니가 드디어 책도 내네요! 당신, 너무 멋져서 동네방네 다 자랑할 것이야…! 매번 톡톡 튀고 아이디어 넘치는 영상들을 만들어내는 것을 보면 정말, 정말 신기해. '무'에서 '유'를, 그것도 '재미있는 유'를 창조해내는 네가 자랑스러워. 힘들 때도 많을 텐데, 항상 많은 이들에게 웃음과 행복을 주는 것도 고맙고 :) 이젠 옐언니 없는 틱톡과 유튜브는 상상도 할 수 없다고~! 책 낸 거 진짜 축하해! 믿고 보는 옐언니 화이팅♥

공대생 어린 친구들부터 어른들까지 다양한 연령층의 사람들이 1인 미디어에 관심이 많은 요즘, 여러분도 크리에이터가 되고 싶으신가요? 어떻게 시작해야 할지 몰라 막막하시다고요? 그렇다면 〈15초면 충분해, 틱톡!〉을 읽어보세요. 틱톡과 유튜브 초보들을 위한 필수 지침서거든요. 신입 크리에이터에게 정말 많은 도움이 될 책이라고 저 공대생이 장담합니다. 옐언니, 화이팅!

신동호 뭐든 열심히 하고 최고인 옐언니! 우리 KST TEAM의 틱통령! 매번 좋은 영상을 만들려고 열심히 노력하는 우리 옐 정말 최고야! 앞으로도 쭉 꽃길만 걷자! 화이팅!

독자 여러분에게 드리는 옐언니의 인사말

Part 1. Follow Me : yell

Step 1. 옐언니를 말해줘!　　　　　　　• 12
Step 2. 옐언니를 보여줘!　　　　　　　• 42
Step 3. 옐언니와 놀아줘!　　　　　　　• 48

쉬어가는 타임! **Sister Legend ; yell**
'러블리' 옐언니 레전드 틱톡 영상 모음　　• 54

Part 2. TikTok A to Z : yell

Step 1. 도대체 틱톡(TikTok)이 뭐야?　　• 66
Step 2. 초보자를 위한 틱톡 가이드　　　• 69
Step 3. 옐언니가 알려주는 틱톡 촬영 꿀팁　• 94

쉬어가는 타임! **Sister Legend ; yell**
'병맛' 옐언니 레전드 틱톡 영상 모음 1　　• 156

목차

Part 3. YouTube A to Z : yell

Step 1. '유튜브 알못'을 위한 친절 안내서 • 168
Step 2. 옐언니와 함께하는 실전 유튜브 • 171
Step 3. 옐언니의 유튜브 편집 노하우 • 193

쉬어가는 타임! **Sister Legend ; yell**
'병맛' 옐언니 레전드 틱톡 영상 모음 2 • 216

Part 4. Sister + α : yell

Step 1. 옐언니의 인생역전 무엇?
　　　　24시간이 모자라! • 228
Step 2. 옐언니의 팬미팅 현장 대공개! • 236

본문에 있는 QR코드에 스마트폰을 갖다대면, 옐언니의
틱톡 영상으로 연결됩니다. 귀엽고 깜찍한 옐언니의 모습을
생생하게 보고 싶은 분들은 QR코드를 이용해 주세요.

Follow Me ; yell

Part 1.
Follow Me ; yell

Step 1. 옐언니를 말해줘!

Step 2. 옐언니를 보여줘!

Step 3. 옐언니와 놀아줘!

STEP 1. 옐언니를 말해줘!

안녕하세요, 여러분! 옐언니입니다. 아핫~★ 제가 누구냐고요? 본명은 최예린, 활동명은 옐언니. 귀엽고 재미있는 것을 좋아하는 꿈 많은 스물넷이에요. 호기심에 첫발을 들인 '틱톡(TikTok)'을 하다 보니 어느새 2년 차 동영상 크리에이터가 되었네요.

처음 틱톡을 시작한 후부터 장르를 가리지 않고 다양한 촬영기법에 도전하며 끊임없이 콘텐트를 만들려고 노력했어요. 그래서일까요? 감사하게도 2019년 현재까지 쭉 최상위 '틱톡커(틱톡 사용자)'로 자리 잡을 수 있었어요.

그뿐만 아니라 2018년 큰 화제가 되었던 틱톡 광고의 주인공이 되는 영광을 얻었고, 국내에서 처음으로 열린 틱톡 공식 파티에서 공유수가 가장 많은 틱톡커로 선정돼 상을 받기도 했죠.

1년 전부터는 틱톡을 넘어서 유튜브로 영역을 확장해 더욱 활발한 활동을 하고 있어요. 현재 틱톡 팔로워 수는 약 250만 명이고, 유튜브 구독자는 약 44만 명, 인스타그램 팔로워 수는 약 24만 명에 달한답니다.

어떻게 불과 2년 만에 동영상 크리에이터로 자리 잡을 수 있었는지 궁금한가요? 인간 옐언니에 대해 더 자세히 알고 싶나요? 그렇다면 지금부터 저 옐언니에 대한 여러분들의 질문을 모두 모아 솔직, 담백 그리고 병맛 넘치는 Q&A를 시작해 볼게요! Here we go!

옐언니와 함께 하는 솔직담백병맛

Q. 활동명을 '옐언니'라고 지은 이유는 뭐예요?

A. 그건 말이죠, 제가 대학교를 1년 늦게 갔거든요? 그래서 대학 동기들이 대부분 저보다 한 살 어렸는데, 그 친구들이 저를 '옐언니'라고 불렀어요. 제 이름인 '예린'을 짧게 '옐'이라고 줄인 애칭이죠.
처음 틱톡에 가입하고 닉네임을 지어야 할 때 갑자기 머릿속에 그 애칭이 번쩍 떠오르더라고요. 그래서 닉네임을 옐언니라고 정했고, 지금까지 쭉 그 이름을 사용하고 있어요. 옐언니, 뭔가 친근하고 귀엽지 않나요? 아핫~★

Q. 크리에이터가 되기 전 직업은 뭐예요?

A. 졸업을 앞둔 평범한 대학생이었어요. 앞으로 무슨 일을 해야 하나 고민하던 차에 틱톡을 만나게 되었고, 열심히 하다 보니 동영상 크리에이터를 직업으로 삼게 되었죠.

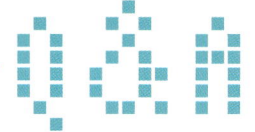

Part 1. Follow Me ; yell

Q. 틱톡은 언제 처음 알게 됐어요?

A. 2017년에 인스타그램을 하다가 우연히 영상 하나를 보았어요. 가만히 있어도 머리카락 색이 휙, 휙 바뀌는 그런 영상이었는데, 아마 여러분도 본 적이 있을 거예요. 그 영상을 처음 봤을 때 엄청 신기하더라고요! '아니, 이게 뭐야? 어떻게 저럴 수 있지? 포토샵을 한 건가?'라는 생각이 들면서 호기심이 일었죠.

그래서 열심히 찾아보니까 제가 본 것이 '틱톡'이라는 애플리케이션에 대한 광고였더라고요. 틱톡을 사용하면 재미있는 영상을 얼마든지 만들 수 있다는 말에 바로 애플리케이션을 다운 받고 가입했어요.

Q. 틱톡을 직접 써보니까 어땠어요?

A. 그야말로 신.세.계! 촬영하는 것도 재미있고, 신기한 특수 효과도 많고 편집도 쉬워서 온종일 핸드폰만 붙잡고 틱톡을 했어요. 제가 대학에서 광고 디자인을 전공했고, 고등학생 때부터 취미 삼아 개인 영상 만드는 걸 좋아했거든요. 그런 제게 틱톡은 놀 거리가 가득한 신나는 놀이공원 같았답니다.

Q. 언니는 처음부터 틱톡 고수였어요?

A. 에헤이, 그럴 리가요. 시작부터 잘하는 사람이 세상에 몇이나 있겠어요? 저도 처음 틱톡을 접했을 때는 핸드폰을 붙잡고 버벅거렸는걸요? 컴퓨터 프로그램으로 영상 편집을 하는 것과 틱톡 내부에 있는 편집 툴로 작업하는 건 완전히 다르니까요! 특히 15초라는 짧은 시간 내에 촬영해서 영상을 만드는 게 생각처럼 쉽지만은 않더라고요. 게다가 지금은 몸에 자연스럽게 익은 틱톡 기술을 그 당시에는 제대로 습득하지 못했기 때문에 영상을 만드는 게 너무 어려웠죠.

Q. 지금은 완전 틱톡 천재잖아요! 어떻게 된 거예요?

A. 무조건 연습 또 연습한 결과예요. 제가 처음 틱톡을 시작할 때는 지금처럼 사용자들이 많이 없었기 때문에 중국이나 미국, 러시아, 일본 사람들이 만든 영상을 보고 많이 배웠어요.

어떻게 배웠냐고요? 일단 영상을 다운 받은 뒤 아주 천천히 재생했답니다. 그러면 그 사람들이 틱톡 기술을 구사할 때 손을 어디로 움직이는지, 자세는 어떻게 취하고 표정을 어떻게 짓는지 자세히 알아낼 수 있거든요. 그렇게 알아낸 기술들을 하나씩 따라 하고 끊임없이 연습해서 몸에 익혔어요.

Q. 저도 언니 영상 보면서 그대로 따라 해봤는데, 잘 안 되더라고요. 저는 틱톡 영상 만드는 것에 소질이 없는 걸까요?

A. '그대로 따라 해봤다.'라는 말에 답이 있는 거 같아요. 이제 막 틱톡을 시작한 초보자가 난도 높은 기술을 시도하려고 하니 당연히 어렵고 힘들겠죠. 영상 속 동작을 그대로 따라 하는 것보다 자신에게 맞춰서 조금 쉽게 변형해 보는 건 어떨까요? 제가 그렇게 했거든요.

예를 들어 손댄스 영상을 찍을 때 어려운 동작을 단순하게 바꾸는 거죠. 그럼 한결 편안하고 자연스럽게 영상을 완성할 수 있답니다. 어려운 기술을 욕심내어 억지로 따라 하다가 완성도 낮은 영상을 만드는 것보다 난도는 조금 낮더라도 자연스럽고 완성도 높은 영상을 만드는 게 더 중요하다는 걸 잊지 마세요!

Q. 옐언니 영상을 보면 표정이 무척 자연스럽더라고요. 연습을 따로 하시나요?
A. 그럼요. 연습 정말 많이 했어요. 틱톡 영상 찍을 때 자연스러운 표정이 생각보다 중요하거든요. 어색한 표정을 지으면 보는 사람도 어색해지는 법이니까! 그래서 전 수시로 제 모습을 카메라로 찍어 확인했어요. '안 되면 되게 하라!'라는 말처럼 카메라 속 제 모습이 자연스러워 보일 때까지 계속 찍고 또 찍었죠. 그렇게 하다 보니 어느 순간 영상 속에서 자연스럽게 웃고 있는 저를 발견하게 되었답니다.

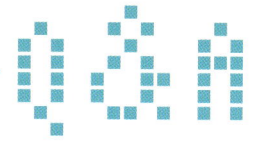

Q. 음악도 틱톡 영상에서 빼놓을 수 없는 요소잖아요. 옐언니만의 음악 선정 기준이 있나요?

A. 일단 가장 먼저 틱톡 내에서 유행하고 있는 노래를 선택해요. 추천 영상을 보면 똑같은 음악이 계속 들리거든요? 그건 그 음악이 사람들에게 인기 있다는 증거예요. 사람들의 취향을 파악하고 트렌드를 계속 따라가야 하니까 그런 음악들은 한 번씩 꼭 사용해 보죠.

그 외에는 조금 잔잔하지만, 리듬감 있는 노래를 주로 선택하고 있어요. 무슨 말인가 싶죠? 그런데 진짜 그런 노래가 있다니까요? 예를 들어 숀의 〈Way back home〉 같은 그런 노래요. 부드러우면서도 귀엽고 통통 튀는 음악들을 적용하면 제법 괜찮은 영상을 만들 수 있답니다.

Q. 틱톡에 올릴 수 있는 영상의 종류가 정말 많잖아요. 옐언니는 어떤 스타일의 영상을 가장 좋아하나요?

A. 다른 영상들도 다 좋지만, 뭐니 뭐니 해도 병맛 영상이 최고인 거 같아요. 사람들을 웃길 수 있다는 건 언제나 즐겁고 짜릿하거든요. 촬영 과정도 무척 재미있고요. 마음 같아서는 병맛 영상만 주르륵 올리고 싶다니까요? 하지만 참고 있죠. 비슷한 콘텐트만 올리면 지루하고 재미없잖아요. 그래서 최대한 다양한 콘텐트의 영상을 선보이려고 노력해요. 병맛 영상을 올렸다면 다음에는 손댄스 영상이나 듀엣 댄스 영상을 올리는 식으로요.

Q. 촬영이나 편집이 쉬운 틱톡 영상은 어떤 거예요?
A. 가장 편한 건 사실 손댄스 영상이에요. 동작을 외운 뒤 음악에 맞춰 실행만 하면 되는 거라서 촬영도, 편집도 매우 편하고 쉽거든요. 그래서 틱톡 초보자들에게 가장 먼저 손댄스 영상에 도전하라고 권해요.

Q. 언니, 딜문이요! 본격적으로 '틱톡커'가 되겠다고 다짐한 계기가 혹시 있나요?
A. 틱톡을 알기 전에도 취미로 영상을 만들었다고 했잖아요? 그런데 그때는 제가 만든 영상을 아무한테도 보여주지 않았어요. 오로지 개인 감상용 영상을 만들기 위해 촬영하고 편집했죠. 친구들한테 제가 만든 영상을 보여주는 것이 좀 낯간지럽게 느껴졌거든요. 그런데 틱톡은 달랐어요. 물론 처음에는 지금껏 그래 왔듯이 개인적인 만족감을 느끼기 위해 시작했죠. 하지만 막상 접해보니까 틱톡이 제가 원하는 영상을 만들기에 매우 좋은 환경이라고 여겨졌어요. 그리고 그렇게 만든 영상을 다른 사람에게 보여주는 것이 생각했던 것보다 부끄럽지 않았어요.
왜 그런지 곰곰이 생각해보니 답을 알겠더라고요. 틱톡은 불특정 다수에게 영상을 보여주는 거잖아요? 저를 모르고, 제가 모르는 사람들에게요. 나를 아는 사람에게 영상을 보여주는 건 부끄럽지만, 나를 모르는 사람들에게 보여주는 건 '뭐 어때?'라는 생각이 들었죠. 그렇게 하나, 둘 영상을 만들고 공개하다 보니 점점 욕심이 생겼어요. 조금 더 재미있고, 멋진 영상을 만들어서 사람들에게 보여주고 싶었죠. 그래서 최선을 다해 영상을 만들었고, 결론적으로 큰 호응을 얻게 되면서 자연스럽게 틱톡커의 길로 접어들었어요.

Q. 언니, 유튜브를 시작하게 된 이유가 궁금해요!
A. 저를 좋아하는 분들과 더 많은 얘기를 나누고 싶다는 게 가장 큰 이유였어요. 틱톡에서 보여주지 못했던 색다른 매력을 보여주고 싶다는 욕심도 생겼고요. 다행히도 틱톡에 이어서 유튜브에서까지 큰 사랑을 받게 되어 옐언니는 정말 행복하답니다. 아핫~★

Q. 틱톡과 유튜브 둘 다 해보니까 어때요? 각각의 장단점에 대해 알려주세요.
A. 틱톡의 가장 큰 매력은 다양한 특수 효과와 편집 툴로 재미있는 영상을 간편하게 만들 수 있다는 것이죠. 핸드폰만 있으면 누구나 쉽게 도전할 수 있어서 접근성도 매우 좋은 편이고요. 비록 반드시 15초 정도의 짧은 영상만 올릴 수 있다는 제한이 있긴 하지만, 오히려 그래서 더 다양한 영상을 빠르게 볼 수 있어 좋아요.
유튜브는 시간제한 없이 마음껏 영상을 올릴 수 있다는 것이 장점이죠. 훨씬 다양한 사람들에게 자신의 영상을 보여줄 수도 있고요. 하지만 촬영과 편집 과정이 틱톡보다 훨씬 어렵고 복잡하다는 점은 아쉬운 부분이에요.

Part 1. Follow Me ; yell

Q. 틱톡과 유튜브를 하면서 가장 기뻤던 순간은 언제예요?

A. 틱톡 초반에 〈20대 렛츠기릿〉라는 이름의 이벤트가 있었어요. 1등 상금으로 무려 200만 원이 걸렸죠. 1등을 하고 싶다는 욕심보다 그냥 재미있을 것 같아서 신청했는데, 제가 그 이벤트에서 1등을 한 거예요! 아직도 그때 영상이 생생하게 떠올라요. 대만 여행을 간 김에 찍은 영상이었는데요, 반응이 정말 좋았어요.

하지만 그렇다고 1등을 할 거라고는 감히 상상도 못했어요. 결과 발표가 나고 1등에 제 이름이 있어서 얼마나 놀랐는지! 한편으로는 엄청 뿌듯했고요. 뭔가 성취감을 느꼈다고 해야 하나? 살면서 그런 대회에서 1등을 해본 적이 없거든요. 그때 느낀 감정은 말로 설명할 수 없어요. 그 이벤트 이후로 틱톡을 더 열심히 하게 된 것 같아요.

아, 맞다! 팔로워가 백만 명이 넘었을 때도 정말 기뻤어요. 그리고 유튜버 '양띵'님을 뵈었을 때 신기하고 또 행복했죠. 사실 제가 중학교 때부터 양띵님의 팬이었거든요. 저한테는 마치 또 다른 가족, 친구같이 느껴지는 분이에요. 양띵님 영상을 보고 자랐으니까요.

이런 이야기를 틱톡이나 유튜브를 통해 한 적이 있는데, 덕분에 양띵님과 맞팔을 하게 되었고 실제로 만났어요. 처음 인스타그램 맞팔이 되었을 때는 너무 좋아서 막 소리 지르고 난리를 쳤다니까요? 그 후에도 계속해서 연락을 이어와서 양띵님 결혼식에도 초대됐어요. 전 정말 성공한 덕후예요, 흑흑.

Part 1. Follow Me ; yell

Q. 언니는 촬영 어디서 해요?

A. 처음에는 아무 생각 없이 제 방에서 촬영했어요. 그러다가 제대로 된 영상을 만들고 싶다는 욕심이 생겨서 비어 있던 작은 방 하나를 아예 작업실로 만들었답니다.

작업실 구조를 간략히 설명해드릴게요. 일단 방문을 열고 들어가면 정면에 보이는 벽면에 커다란 배경 천을 걸어두었고, 그 앞에 기다란 책상과 의자를 두었어요. 책상 위에는 컴퓨터와 촬영 때 사용하는 캠코더가 있고요. 책상 앞에는 커다란 조명 3개가 설치돼 있어요. 이 방에서 틱톡 영상은 물론 유튜브 촬영과 편집까지 한답니다. 그 외에 가구라고는 잡동사니를 넣어두는 작은 서랍장 하나가 다예요. 최대한 집중해서 작업할 수 있도록 깔끔하게 꾸몄어요.

Q. 영상 촬영하고 편집해서 공개하는 데까지 얼마나 걸려요?

A. 틱톡 같은 경우에는 촬영하고 편집하는데 꽤 익숙해져서 시간이 많이 단축됐어요. 보통 15분에서 30분 정도 걸리는 것 같아요. 조금 어려운 기술이 들어가거나 공들여서 편집해야 하는 영상은 최대 1시간 정도 걸린다고 보시면 돼요.

반면 유튜브는 아무래도 틱톡보다 영상이 길고 복잡해서 시간이 더 걸리는 편이에요. 편집만 해도 하루, 이틀은 걸리거든요. 촬영을 어떻게 하느냐에 따라서 그 기간이 며칠로 늘어날 수도 있고요. 처음에는 제가 직접 촬영하고 편집했는데, 요새는 일이 너무 바빠져서 전문 업체에 유튜브 편집을 맡기고 있어요.

Part 1. Follow Me ; yell

Q. 언니 지금 사용하고 있는 핸드폰 기종이 뭐예요?

A. 핸드폰이요? 2018년에 출시된 아이폰 XR을 쓰고 있어요. 틱톡은 아무래도 핸드폰으로 촬영하기 때문에 핸드폰에 탑재된 카메라 기능이 무척 중요한데, 아이폰 XR이 생각보다 괜찮더라고요. 꽤 만족하면서 사용하고 있어요.

Q. 영상 제작할 때 옐언니는 어떤 것을 가장 중요하게 생각하는지 궁금해요!
A. 아무래도 편집이죠! 개떡같이 촬영해도 찰떡같은 영상을 만들어주는 것이 바로 편집의 힘이니까요. 촬영하다 보면 내 마음대로 착, 착 진행되지는 않거든요. 말을 더듬을 때도 있고, 계획했던 일을 빼먹고 넘어갈 때도 있고요.
저도 그래요. 낯가림이 조금 심하고 말을 조리 있게 하는 편이 아니라서 촬영 때 NG가 많이 나는 편이랍니다. 하지만 이런 부자연스러운 모습을 고스란히 영상에 담아 공개할 수는 없잖아요? 그래서 편집으로 최대한 영상을 매끄럽고 자연스럽게 만들려고 노력해요.

Q. 하루에 몇 시간 자요?
A. 크리에이터가 되면서 생활 리듬이 예전과 완전히 달라졌어요. 예전에는 일찍 자고 일찍 일어나는 생활을 했는데, 요즘은 보통 새벽 3시에 자고 늦으면 6시에도 자요. 그러다 보니까 자연히 기상 시간은 낮 12시가 되어버렸고요. 완전히 올빼미 생활을 하죠. 그래도 수면 시간은 6시간 정도로 유지해서 최대한 피로도를 줄이려고 노력 중이에요.

Part 1. Follow Me ; yell

Q. 틱톡과 유튜브 활동을 하면서 굉장히 유명해졌잖아요. 주변 반응은 어때요? 친구들도 옐언니가 크리에이터인 것을 알고 있나요?

A. 그럼요. 친한 친구들은 제가 무슨 활동을 하고 있는지 다 알고 있어요. 초반에는 저도, 그리고 친구들도 이 일에 대해 진지하게 생각하지 않았기 때문에 제가 올린 틱톡 영상을 보며 오글거리고 웃긴다며 가벼운 농담을 주고받은 게 전부였죠. 그러다가 본격적으로 틱톡에 매진하게 되고 또 그만큼 큰 사랑을 받게 되면서 유명해지니까 친구들도 진심으로 저를 격려하고 응원해주기 시작했어요.

그중 몇몇 친구들에게 틱톡을 추천하면서 영상 만드는 법을 알려줬거든요? 친구들이 직접 틱톡을 해보더니 저보고 대단하다고 하는 거예요. 막상 해보니까 너무 어렵다고요. 제 일을 진심으로 이해하고 존중해주는 것 같아서 기분 좋았어요.

Q. 부모님의 반응은 어땠는지도 궁금해요!

A. 초반에는 크리에이터로 활동하는 것을 부모님께 말씀드리지 않았어요. 일이라기보다는 취미에 더 가까웠기 때문에 굳이 알릴 필요가 없다고 생각했거든요. 그러던 중에 틱톡 광고의 주인공이 되고 점점 유명세를 치르기 시작하면서 부모님께 제 상황에 대해 말씀드려야겠더라고요. 그래서 조심스럽게 얘기를 했더니 두 분 다 별다른 반응을 보이지 않으셨어요. 그저 열심히 하라는 말만 하셨죠.

그러던 어느 날 갑자기 엄마가 제게 "너 참 대단하다!"라고 하시는 거예요. 엄마가 과외 선생님으로 일을 하시는데, 담당 학생들이 옐언니에 대해 이야기하는 걸 듣고 비로소 제가 조금 유명해졌다는 걸 실감하셨나 봐요.

그날 이후로 저는 집에서 완전히 스타가 되었답니다. 부모님이 엄청 좋아하세요. 매일 인터넷에 '옐언니'를 검색하시고, 틱톡이나 유튜브 영상을 보세요. 심지어 댓글도 달아요! 특히 안 좋은 댓글이 달리면 팬인 척 "우리 옐언니 그런 사람 아니거든요?"라는 쉴드를 치기도 하죠. 그런 부모님 보면 정말 감사해요. 늘 제 편이 되어서 응원해주시니까요.

부모님뿐만 아니라 할머니, 친척 어른들 그리고 사촌들까지 응원해줘서 그 힘으로 열심히 활동하고 있어요.

Q. 옐언니에게 팬들은 어떤 존재예요?

A. 정말 말로 설명할 수 없을 만큼 고마운 분들이죠. 사실 저는 아직도 제가 많이 부족하다고 생각하거든요. 이런 저를 계속 좋아하고 아낌없는 성원을 보내주니까 정말 감사하죠. 그래서 팬들에게 언제나 좋은 모습만 보여주고 싶어요. 제 팬들이 주로 10대 여학생이거든요. 특히 초등학생이 정말 많아요. 아무래도 어린 친구들이 저를 좋아하니까 평소에도 올바르게 행동하려고 노력해요. 사진 하나를 올려도 밝고 좋은 모습만 찍어서 올리려고 해요. 팬들이 저를 보고 나쁜 걸 배우지 않도록요. 저를 아껴주시는 그 마음 그대로 팬들에게 돌려주기 위해 언제나 노력하는 옐언니랍니다. 아핫~★

Q. 응원해주는 팬도 많지만, 악플을 다는 사람들도 종종 있잖아요. 악플을 발견했을 때 옐언니는 어떻게 대처하나요?

A. 사실 초반에 악플이 정말 많이 달렸었어요. 광고 보고도 욕하고, 너무 예쁜 척한다고 욕하고요. 그래서 상처를 많이 받았죠. 그렇게 많은 사람에게 비난을 받은 건 제 인생에서 처음 있는 일이었거든요.

종일 울고, 밥도 못 먹고, 아무것도 할 수 없었어요. 다행히 친구들과 가족들이 괜찮다고 다독여주고 응원해줘서 악플에 대한 상처를 털어낼 수 있었죠.

그렇게 한 번 이겨내니까 악플을 봐도 이제는 그냥 그러려니 해요. 더는 감흥이 없다고 할까? 어린 친구들이 별다른 생각 없이 작성한 댓글이 대다수라는 것을 알았거든요. 그래서 그냥 한 번 웃고 넘기죠.

어떨 때는 악플을 보면서 저를 한 단계 발전시키기도 해요. 악플을 보면서 '아, 내가 이런

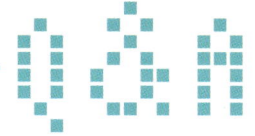

점이 부족해 보일 수도 있겠구나?'라고 생각하며 부족한 점을 고쳐나가요. 한번은 너무 오버한다는 댓글을 보고 표정과 동작을 조금 더 자연스럽게 수정했어요. 그랬더니 제가 보기에도 한결 보기 편안하게 느껴지더라고요.

악플을 교훈 삼았더니 제가 더 좋은 사람이 되고, 더 좋은 크리에이터가 되어 가고 있다는 걸 느껴요. 그래서 지금은 악플도 그렇게 나쁘게 생각하지 않아요.

Q. 실제 성격은 어때요? 틱톡 영상처럼 활발한가요?

A. 낯가림이 심하고 소심한 성격이에요. 게다가 쓸데없는 걱정과 고민이 많죠. 감정 기복도 심하고요. 그래서 스트레스를 잘 받는 편인데, 이런 것들을 겉으로 티 내지 않아요. 항상 밝아 보이려고 노력하는 타입이에요.

소심한 모습 이면에는 주목받는 걸 좋아하고 나서기 좋아하는 면도 있어요. 그런데 요즘에는 앞에 나서는 게 조금 부담스러워졌죠. 많은 이들에게 사랑을 받는 만큼 반대로 안 좋은 얘기도 듣는다는 걸 알게 되었거든요.

Q. 옐언니의 습관은 무엇인가요?

A. 양띵님 유튜브 영상을 보면서 자라서 그런지 자꾸 충청도 사투리를 쓰는 버릇이 생겼어요. 평소 말할 때는 물론 친구들에게 카톡이나 문자를 보낼 때 "뭐 하고 있어유? 밥 먹었어유?"이렇게 '~유?' 하는 말을 사용하죠.

최근 생긴 습관은 틱톡커인 유링딩님 괴롭히기! 그리고 유링딩님에게 맞기. 유링딩님을 옆에서 지켜보고 있으면 괜히 장난치고 싶고 그러거든요. 하하!

Q. 혈액형과 별자리 알려줄 수 있어요?

A. 그럼요. 제 혈액형은 바로! (두구, 두구, 두구) 짠! A형이랍니다. 별자리는 처녀자리예요.

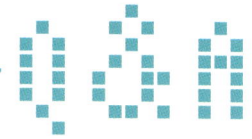

Q. 언니 키는 몇이에요?

A. 진짜! 솔직히! 정확히! 안 속인 158cm입니다. 더 크고 싶었는데, 여기서 멈췄어요. 흑흑. 여러분, 키 크고 싶다면 편식하지 말고 골고루 먹어야 해요. 우유랑 멸치 잊지 말고요.

Q. 발 사이즈와 시력은요?

A. 별걸 다 궁금해하신다! 그래도 알려드려야지. 발은 235. 시력은 양쪽 0.7~0.8 정도? 대신에 난시가 조금 있어요.

Q. 혹시 남자친구 있어요?

A. 안타깝지만 없습니다. 틱톡 활동 초반에는 있었거든요? 그런데 중간에 헤어졌어요. 그 후로 다른 사람은 만나지 않았고요. 솔직히 자신 없더라고요. 다시 누군가를 만나서 감정을 이어가는 그 과정들이 부담스럽고, 무서워요. 연애라는 게 내 마음대로 되는 게 아니잖아요? 그래도 언젠가 좋은 사람이 쨘! 하고 나타날 거라 믿고 있습니다.

Q. 하루 중 가장 행복할 때는 언제예요?
A. 오늘 계획했던 일을 다 끝냈을 때 행복하고 뿌듯해요. 일을 다 하고 깨끗하게 씻은 뒤 침대에 누웠을 때요. 그 상황에서 유튜브로 양띵님 영상을 본다면 그보다 더 행복할 수가 없죠.

Q. 하루의 휴가가 주어진다면 뭘 하고 싶어요?
A. 쇼핑이요! 지금까지 열심히 활동하면서 돈을 벌었지만, 제대로 쓰지는 못했어요. 적금만 차곡차곡 해두는 스타일이거든요. 그래도 하루쯤은 미친 듯이 쇼핑을 하고 싶어요. 크고 비싼 물건이 아닌 작은 것 하나를 사더라도 쇼핑으로 기분 전환을 할 수 있으니까요.

Q. 현재 가장 큰 고민은 무엇인가요?
A. 아무래도 콘텐트에 대한 것이죠. 유튜브를 앞으로 어떻게 운영할지에 대해 매일 고민해요. 시간이 지날수록 부담이 커지는 것 같더라고요. 더 좋은 영상. 트렌드에 맞는 재미있고 새로운 영상을 만들어야 하니까 스트레스가 심해요.

Part 1. Follow Me ; yell

Q. 옐언니의 인생 좌우명을 알려주세요.

A. 제 좌우명은 '이 또한 지나가리.'입니다. 죽을 것처럼 힘든 일도 결국 시간이 해결해 준다는 걸 깨달았어요.

Q. 20년 후 자신의 모습을 상상한다면?

A. 마흔넷에는 제 이름으로 가게를 내고 싶어요. 어떤 가게를 차릴지는 더 생각해 봐야 하겠지만요. 그리고 될 수 있다면 그때까지 크리에이터로 활발하게 활동하고 싶어요. 미래의 크리에이터를 꿈꾸는 친구들에게 제 노하우를 전수하고도 싶고요. 한 발자국씩 앞으로 나아가는 옐언니의 모습, 많이 기대해주세요!

좋아하는 색? 노란색이 가장 좋아요. 보고만 있어도 HAPPY!

좋아하는 음식? 매콤한 음식을 정말 사랑해요. 떡볶이나 부대찌개 같은 거. 매운 음식을 먹으면 스트레스가 확 풀리는 것 같아요.

좋아하는 숫자? 나도 좋아하고 여러분도 좋아하는 바로 그 숫자! 럭키 세븐!

좋아하는 영화? 마블 시리즈를 엄청 좋아해요. 캐릭터 대부분을 아끼고 사랑하지만, 최근에는 그루트가 아주 쪼끔 더 좋아졌어요. 그루트 피규어 뽑기 영상도 올렸어요.

좋아하는 계절? 덥지도 않고 춥지도 않은 가을! 제 생일이 가을에 있기도 해서 더 정이 가요.

좋아하는 음료수? 즐겨 마시는 건 칠성 사이다와 시원한 환타 레몬 맛. 미지근한 것은 NO, NO! 반드시 머리가 띵하고 깜짝 놀랄 정도로 시원해야 해요. 커피는 콜드브루나 카페라테가 좋아요.

좋아하는 물건? 자동차 '밍밍이'! 핑크색 스파크로 제 보물 1호랍니다. 제가 샀냐고요? 아니요. 에뛰드하우스 행사에서 인기투표 1위를 해 경품으로 받았어요. 팬들이 주신 거나 마찬가지기 때문에 정말 소중히 다루고 있답니다. 우리 '밍밍이'와 천년만년 함께 할 거예요!

좋아하는 간식? 젤리를 좋아해요. 특히 하리보나 마이구미를 즐겨 먹습니다.

좋아하는 동물? 강아지나 고양이도 귀엽지만, 저는 판다가 세상에서 제일 귀여워요.

좋아하는 노래? 옐언니의 〈어떻게 너라는 행운이〉라는 노래가 참 좋더라고요. (ㅎㅎ)

좋아하는 스트레스 해소법? 집에서 휴식을 취하는 걸 좋아해요. 컴퓨터나 핸드폰을 최대한 멀리하고 침대에 누워 멍하니 있으면 스트레스가 풀려요. 맛있는 걸 먹는 것도 좋네요.
좋아하는 연예인? 영화 〈장난스러운 키스〉의 주인공으로 나오는 왕대륙이 요새 눈에 들어오더라고요. 외모도, 마음도 그리고 행동도 귀여운 사람을 좋아하거든요.

틱톡

'옐언니'하면 모다? 틱톡이다! 옐언니에 대해 알고 싶다면 가장 먼저 틱톡을 찾아가 보세요. 옐언니만의 귀엽고 재미있는 영상들을 마음껏 볼 수 있답니다. 옐언니는 표정과 몸짓이 자연스럽고 연기력이 뛰어난 데다가, 장르를 가리지 않고 다양한 시도를 하며 끊임없이 콘텐트를 만들어내 큰 인기를 끌고 있어요. 틱톡 영상을 보다 보면 저절로 옐언니 매력에 푹 빠져버릴 걸요?

ID : sisteryell

유튜브

틱톡에서와는 전혀 다른 옐언니의 유쾌하고 병맛적인(?) 모습을 만나볼 수 있어요. 영상에 대한 시간제한이 없다 보니 더 꿀 같은 콘텐트가 넘쳐 흐른다는 사실! 게다가 옐언니가 초보자를 위한 틱톡 가이드 영상도 올려놔서 배울 점도 아주 많아요.

www.youtube.com/c/옐언니?sub_confirmation=1

인스타그램

옐언니의 일상이 궁금해요? 그럼 인스타그램에 접속해보는 건 어떨까요? 화보 촬영, 뮤직비디오 촬영의 비하인드 스토리는 물론 옐언니의 깜찍, 발랄한 일상을 엿볼 수 있답니다. 게다가 옐언니가 입은 옷이나 렌즈, 화장품에 대한 정보도 깨알같이 얻을 수 있으니까 잊지 말고 팔로우해요!

www.instagram.com/y_22.0

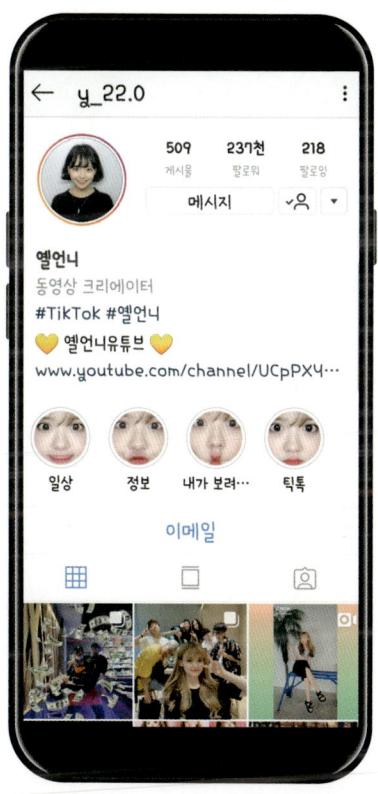

팬밴드

옐언니와 팬들만을 위한 오붓한 공간이에요. 비공개로 되어 있기 때문에 팬이 아니면 게시물을 볼 수 없어요. 옐언니와 팬들 간의 알콩달콩한 소통의 장에 참여하고 싶다면 가입하는 걸 추천합니다. band.us/@tiktokyell/band/70166361

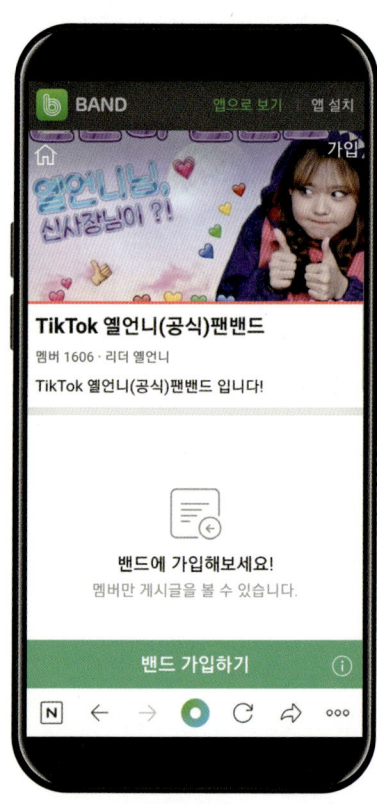

STEP 3.
옐언니와 놀아줘!

'옐언니'하면 빼놓을 수 없는 두 사람이 있으니, 바로 '신사장'과 '유링딩'이에요.
이른바 '옐신율'이라고 불리는 세 사람과 즐겁게 한 번 놀아볼까요?

'옐신율'이 뭐야?

틱톡에서 활발하게 활동하고 있는 틱톡커 '신사장'과 '유링딩'은 옐언니와는 떼어 내려야 뗄 수 없는 친구 사이예요. 틱톡을 계기로 단숨에 친해진 세 사람은 마치 옛이야기에 나오는 삼총사처럼 똘똘 뭉쳐 다녀요. 워낙 친하게 지내다 보니 세 사람을 일컫는 '옐신율'이라는 명칭도 생겼어요. 옐언니의 '옐', 신사장의 '신', 유링딩의 '율'을 따서 지었죠.

옐언니와 신사장 그리고 유링딩은 틱톡 활동 초반에 알게 되었어요. 간혹 자매 아니냐는 오해를 불러일으킬 만큼 세 사람의 관계는 무척 돈독해요. 신사장과 유링딩이 옐언니보다 각각 세 살, 두 살이나 많지만, 이들에게 나이를 뛰어넘은 공통점이 존재한답니다. 바로 동영상 크리에이터로서 자부심과 열정이죠.

처음에는 온라인에서만 연락을 주고받다가 옐언니가 두 사람을 만나기 위해 직접 춘천까지 찾아갔죠. 2박 3일이라는 일정 동안 정말 재미있게 지냈어요. 통하는 부분이 많다 보니 처음 만났을 때부터 어색함이라고는 전혀 찾아볼 수 없었고, 쉽게 친해질 수 있었어요.

문제는 마지막 날 밤 저녁에 발생했어요. 셋이서 함께 옐언니가 운전하는 차를 타고 산속 깊은 곳에 있는 카페에 갔어요. 저녁까지 시간을 보낸 뒤 밤늦게 다시 차를 타고 내려오는 길에 그만 사고가 났어요. 초행길인 데다가 너무 어두워서 시야가 제대로 확보되지 않은 탓이었죠.

차 수리비만 무려 8백만 원이 나올 정도로 큰 사고였지만, 다행히도 세 사람은 다치지 않았어요. 물론 예기치 못한 사고에 많이 놀랐죠. 하지만 그런 큰일을 함께 겪으면서 옐신율은 더 빠르게 친해졌답니다.

놀 줄 아는 세 사람이 뭉쳤다

그렇게 가까워진 옐신율은 거의 매일 모이다시피 해요. 일단 만나면 정신없이 수다 삼매경에 빠지죠. 주로 일 얘기를 많이 한답니다. 요즘 트렌드는 어떤지, 개인적으로 어떤 영상을 구상 중인지, 어떻게 해야 더 좋은 영상을 만들 수 있을지 등에 대해 많은 이야기를 나누죠.

그리고 그렇게 나눈 이야기를 바탕으로 셋이서 함께 영상을 찍어요. 특히 코믹한 '병맛' 영상을 주로 찍어요. 옐언니는 두 사람을 만나기 전에 단 한 번도 틱톡에 병맛 영상을 올린 적이 없었어요. 원래 재미있고 코믹한 분위기를 좋아했지만, 틱톡을 처음 운영할 때는 그런 옐언니의 취향을 살짝 감추고 있었거든요.

그런데 신사장과 유링딩 두 사람이 옐언니를 신세계로 이끌었어요. 막상 병맛 영상을 찍어보니 너무 좋고 재미있었죠. 세 사람이 찍은 영상을 올리자 팬들도 무척이나 좋아했어요. 심지어 '옐신율' 영상만 기다리는 팬들이 생길 정도였어요. 셋이서 찍은 영상이 아닌 단독 영상만 올리면 "언니 요새 왜 '옐신율' 영상 안 올려요? 싸우셨어요?"라고 물어보기도 해요.

팬들의 걱정을 덜어주기 위해, 그리고 옐신율의 사이가 건재하다는 걸 증명하기 위해서라도 세 사람은 계속해서 재미있는 병맛 영상을 찍어요. 앞으로도 옐신율 영상을 많이 기대해주세요!

Part 1. Follow Me ; yell

#틱톡 손댄스

Don't stop make it pop DJ blow my speakers up Tonight

신나~, 신나~!

Sister Legend ; yell

'러블리' 옐언니 레전드 틱톡 영상 모음

Woah oh oh oh!

Woah oh oh oh!

#로즈데이

사랑한다고 고백하기엔 너무 쑥스럽지.

에라, 모르겠다! 사랑 노래나 들어보아요!

장미, 뿅!

🌟 rose

@옐언니

#로즈데이 자 솔로들은 다함께 꽃을 먹읍시다 🌹😋

천 - Tik Toker 추

마음에 드시면 말씀을 해주세요.

105.4k
3.2k
1.0k

Sister Legend ; yell

#테일러스위프트

I promise that you'll never find another like Me-e-e ooh-ooh-ooh-ooh!

Sister Legend ; yell

Baby that's the fun of me
Eeh-eeh-eeh
ooh-ooh-ooh-ooh!

🌟 다이아몬드 메이크업

@옐언니

#TAYLORSWIFTME #테일러스위프트 이 영상을 과연 몇분만에 찍었을까요^^? 후 그와중에 노래 넘 좋구..❤

ft. Brendon Urie - Taylor Swif

🌟 다이아몬드 메이크업

@옐언니

#TAYLORSWIFTME #테일러스위프트 이 영상을 과연 몇분만에 찍었을까요^^? 후 그와중에 노래 넘 좋구..❤

ft. Brendon Urie - Taylor Swif

세상에 오직 하나뿐인 옐언니♡

#살구송

나는 살구야. 너랑 살꾸야!

하트 뾰뾰~

네가 없으니까 참~외롭다.

같이 있어주라

#tlog #어녀행

you're all about me

baby everything's gonna be alright.

you're all about me 옐언니랑 데이뚜♥

아하~★

STEP 1.
도대체 틱톡(TikTok)이 뭐야?

틱톡은 15초가량의 짧은 형식의 모바일 동영상을 올릴 수 있는 글로벌 쇼트 비디오 애플리케이션이에요. 2016년 150개 국가 및 지역에서 75개의 언어로 서비스를 시작했으며, 한국에는 2017년 11월에 첫선을 보였죠.

스마트폰 하나면 모든 사람이 바로 크리에이터가 될 수 있도록 돕는 틱톡은 순식간에 전 세계 사람들의 마음을 사로잡았어요. 그 결과, 2018년 초에는 세계에서 가장 많이 다운로드 된 앱으로 선정되었어요. 그뿐만 아니라 구글 플레이가 진행하는 '2018 올해를 빛낸 앱'에서 '올해를 빛낸 엔터테인먼트 앱'과 '올해를 빛낸 인기 앱'으로 뽑혀 그 인기를 증명하였답니다.

현재 틱톡은 북경, 베를린, 자카르타, 런던, 미국, LA, 모스크바, 뭄바이, 상파울루, 서울, 상하이, 싱가포르, 그리고 도쿄에 글로벌 오피스를 두고 있어요.

알면 알수록 빠져드는 틱톡의 매력

틱톡은 카메라나 편집 프로그램을 별도로 구매할 필요 없이 핸드폰 하나만 있으면 언제, 어디서든 간단하게 나만의 톡톡 튀는 영상을 만들 수 있어요. 그래서 반짝이는 창의력과 지식, 그리고 일상생활에서의 중요한 순간을 빠르게 포착하고 표현할 수 있죠.

기본적으로 틱톡에는 동영상을 멋지게 꾸밀 수 있는 템플릿과 필터 효과가 포함되어 있어요. 게다가 촬영 및 편집 기능을 무척 간결하게 구성하였고, 영상에 배경 음악을 삽입하는 것도 놀라울 정도로 간편해서 초보자들도 부담 없이 영상 제작에 도전할 수 있답니다.

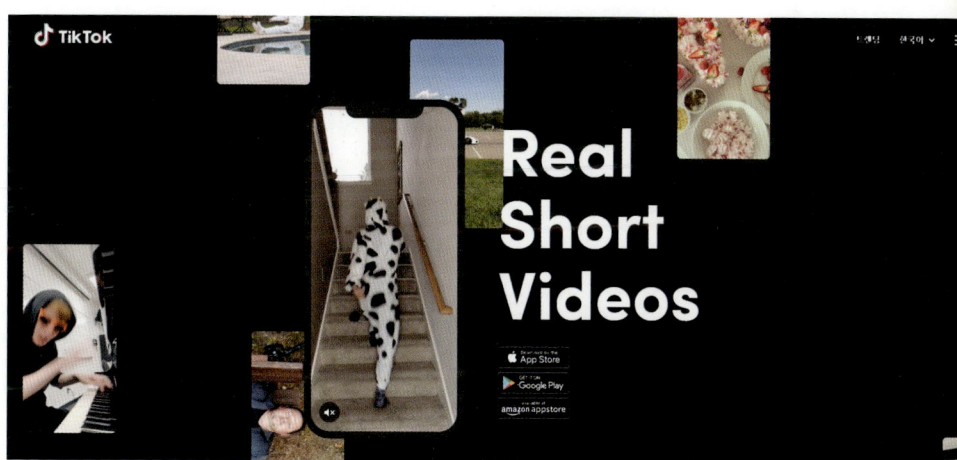

누구나 자유롭고, 재미있게!
나도 한 번 틱톡 해볼까

틱톡에 올라오는 영상의 종류는 무척 다양해요. 어떤 사람은 대사에 맞춰 짧은 스킷 연기를 코믹하게 선보이기도 하고, 또 어떤 사람은 재미있는 묘기를 부리거나 마치 가수가 된 듯 춤을 추고 립싱크를 하며 음악이 나오는 쇼트 비디오를 만들어 올리기도 하죠. 때로는 다른 사람이 올린 챌린지 영상을 따라 해도 좋아요. 그저 형식에 얽매이지 않고 자신의 개성을 마음껏 뽐내면 돼요.

다양한 특수 효과와 촬영기법을 간단히 적용해 짧고 재미있는 영상을 만들고, 또 남이 올린 영상을 손쉽게 볼 수 있다는 사실 때문에 틱톡은 요즘 '인싸'들의 필수 앱으로 손꼽히고 있어요. 심지어 장래 희망이 틱톡커인 친구들도 생길 정도랍니다.

그렇다고 틱톡이 10대의 전유물이라고 오해하는 것은 절대 금물! 최근에는 10대뿐만 아니라 성인들도 틱톡의 매력에 푹 빠지고 있답니다. 틱톡이 1인 창작자의 꿈을 실현할 수 있는 무대를 마련해주기 때문이죠. 나이와 상관없이 다양한 사람들이 틱톡에 도전하면서 최근에는 틱톡에서 높은 인기와 영향력을 가진 인플루언서들을 배출하기도 했답니다.

어때요? 얘기를 듣다 보니 즐거운 볼거리가 가득한 틱톡에 도전하고 싶은 마음이 생겼나요? 그럼 옐언니를 믿고 한 번 따라오세요. 여러분을 위해 틱톡에 대한 모든 것을 알려드릴게요.

STEP 2.

초보자를 위한 틱톡 가이드

1. 틱톡 가입하기

틱톡을 시작하기 위해서는 가장 먼저 애플리케이션을 다운로드하고 가입해야겠죠? 구글 또는 애플 앱 스토어에서 '틱톡'을 검색한 후 설치 버튼을 눌러주세요. 핸드폰 바탕화면에 틱톡 로고가 "짠!"하고 나타나면 가입 준비 완료!

Follow me!
전화번호로 가입하기

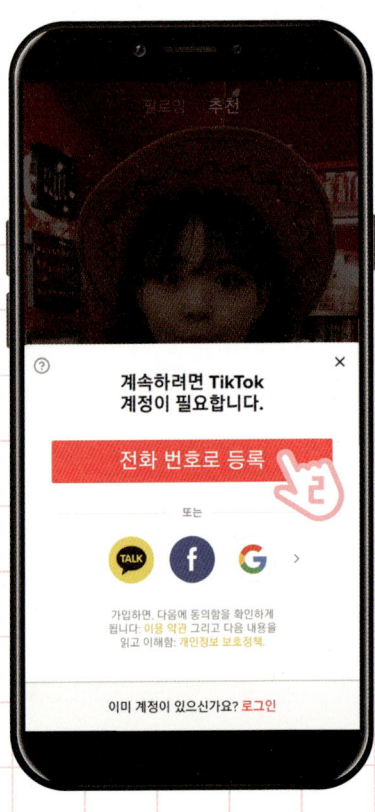

1. 틱톡에 접속한 후 하단 오른쪽에 있는 아이콘을 클릭하세요.

2. '계속하려면 TikTok 계정이 필요합니다.'라는 안내 문구와 함께 새 창이 나타나면 '전화번호로 등록'을 선택합니다.

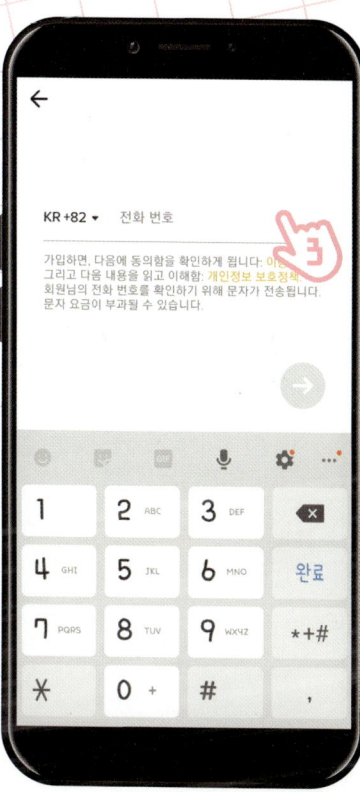

3 전화번호를 입력하고 화살표를 눌러 다음 단계로 넘어가요.

4 문자로 4개의 숫자 코드가 도착하면 빈칸에 차례대로 입력한 뒤 확인 버튼을 누르세요.

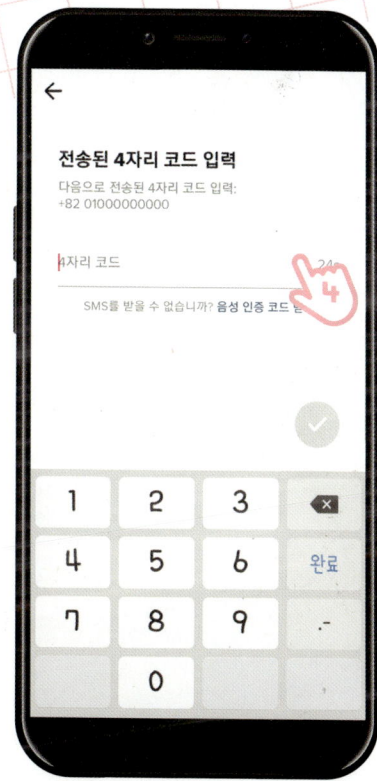

5 마지막으로 비밀번호를 설정하면 틱톡 가입하기 끝!

Follow me!
SNS 아이디를
이용하여 가입하기

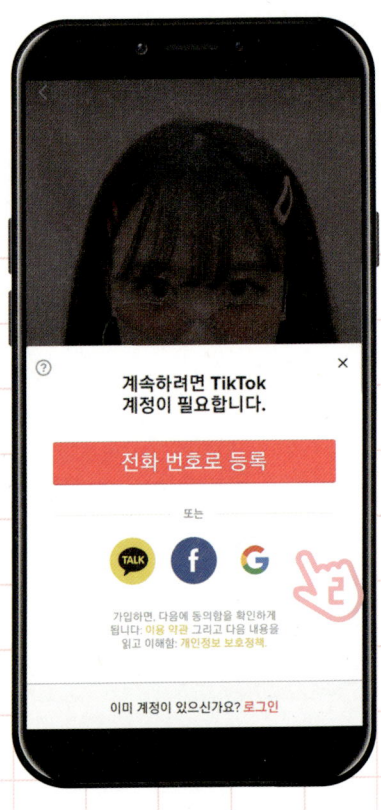

1 틱톡에 접속한 후 하단 오른쪽에 있는 아이콘을 클릭하세요.

2 '계속하려면 TikTok 계정이 필요합니다.'라는 안내 문구와 함께 새 창이 나타나면 하단에 있는 총 여섯 가지의 SNS 아이콘 중 하나를 선택합니다.

3 SNS에서 사용하는 아이디 또는 이메일과 비밀번호를 입력하고 로그인해요.

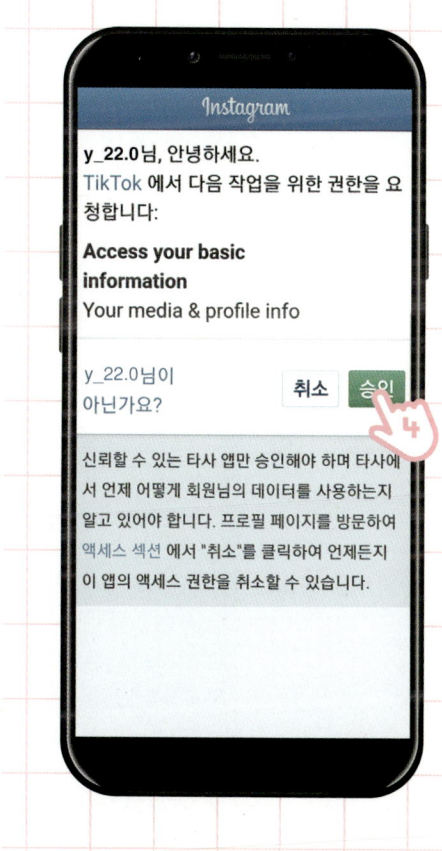

4 승인 요청 페이지가 나오면 승인 버튼을 눌러 가입을 완료합니다. 다른 SNS도 위와 비슷한 절차를 거쳐 가입할 수 있어요.

2. 틱톡 둘러보기

가입이 끝났다면 이제는 틱톡의 기본 기능에 대해 알아볼 차례예요.
아주 작은 아이콘 하나부터 빼놓지 말고 차근차근 보도록 합시다.

내가 팔로우한 사람의 최근 영상을 볼 수 있어요.

틱톡 AI 시스템으로 사용자가 즐거워할 만한 동영상을 무작위로 선정해 보여줘요.

영상이 마음에 들면 하트를 눌러주세요. 화면을 더블 클릭해도 하트가 "뿅!"하고 생겨요.

사용자 계정에 대한 모든 정보가 나와 있는 마이 페이지로 들어갈 수 있어요. 틱톡 아이디와 닉네임, 팔로잉과 팔로워 수, 동영상 목록 등이 나와 있죠.

언제든지 틱톡 처음 화면으로 돌아갈 수 있는 홈 버튼이에요.

재미있는 영상을 친구와 **공유**하고 싶다면 클릭! 카카오톡, 인스타그램, 페이스북, 트위터 등과 연결할 수 있어요. 동영상을 저장하거나 GIF 파일로 공유할 때, 듀엣 영상과 리액트 영상에 도전할 때도 화살표를 눌러요.

현재 화면에 나온 **영상을 올린 틱톡커**의 페이지로 이동해요.

영상에 대한 **내 생각**을 남길 수 있어요. 악플은 No, No, No!

영상에 나오는 **음악이 궁금**하다면 빙글빙글 돌아가는 사운드 아이콘을 눌러보세요. 음악에 대한 정보는 물론 해당 음악을 적용한 다른 틱톡 영상까지 만나볼 수 있어요.

궁금한 게 있다면 여기를 눌러보세요. 틱톡 사용자, 인기 해시태그, 가장 핫한 챌린지 등을 찾아볼 수 있는 **검색 페이지**랍니다.

새로운 영상을 찍을 수 있는 **버튼**입니다.

틱톡에서 일어난 일을 모두 알려주는 **알림창**이에요. 누군가 나를 팔로우하거나 내가 올린 영상에 '좋아요' 버튼을 눌렀을 때, 또는 댓글을 달거나 내 아이디와 닉네임을 언급하면 알람이 와요.

Part 2. TikTok A to Z ; yell

75

3. 마이 페이지 살펴보기

본격적으로 틱톡을 즐기기 전에 마이 페이지 기능을 숙지하고 꾸미는 것을 잊지 마세요. 프로필과 배경에 예쁜 이미지를 올리고, 재미있는 자기소개를 작성해 마이 페이지를 꾸미면 더 많은 '팔로워'와 '좋아요'를 얻을 수 있으니까요!

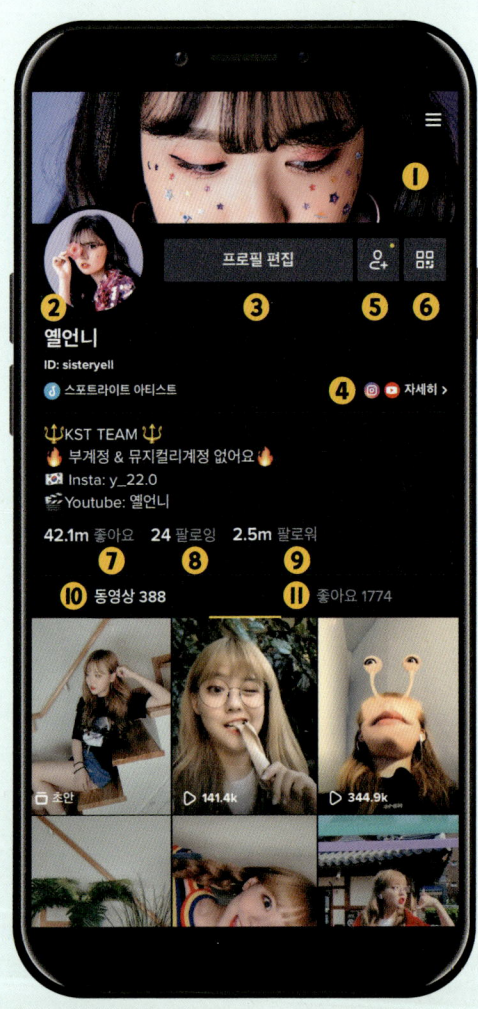

❶ 나만의 개성을 살린 이미지를 넣어 틱톡 계정을 예쁘게 꾸밀 수 있어요. 마이 페이지 윗부분을 가볍게 클릭한 뒤 핸드폰에 저장된 이미지를 삽입하면 OK!

❷ 프로필 사진을 설정하는 곳이에요. 동그라미를 클릭하면 원하는 사진으로 변경할 수 있어요.

❸ 이곳에서 닉네임과 틱톡 아이디, 프로필 사진, 자기소개를 변경해요. 자신이 사용하고 있는 다른 SNS와 틱톡 계정을 연동할 수도 있답니다.

❹ 프로필 편집에서 틱톡 계정과 SNS를 연동하면 작은 아이콘이 나타나요. 여기를 클릭하면 곧바로 SNS로 이동할 수 있어요.

❺ 틱톡에서 친구를 찾고 싶다면 클릭! 틱톡 닉네임 또는 ID로 친구를 찾을 수 있어요. 연락처에 있는 친구를 틱톡으로 초대하거나 페이스북으로 친구를 찾는 기능도 있어요.

❻ 내 아이디와 연결된 틱톡 큐알코드가 숨어있어요. 큐알코드 이미지를 저장한 뒤 친구들에게 보내거나 다른 SNS 채널에 공개할 수 있죠. 친구가 틱톡 큐알코드를 간단히 스캔하면 별도의 검색 과정 없이 틱톡 속 나의 계정을 찾아올 수 있어요.

❼ 다른 사람들이 내가 올린 영상을 보고 하트를 누르면 숫자가 올라가요.

❽ 내가 팔로우한 사람들의 수가 표시돼요.

❾ 나를 팔로우한 사람들의 수예요.

❿ 틱톡에 올린 동영상을 순서대로 보여주는 목록이에요.

⓫ 내가 '좋아요'를 누른 다른 사람의 영상이 나와요. 나의 틱톡 페이지를 찾아온 친구들에게도 내가 어떤 영상을 좋아하는지 알릴 수 있답니다.

틱톡 계정 관리를 비롯해 개인 정보 보호, 언어 등을 설정할 수 있는 곳이에요.
틱톡 프로필을 다른 SNS와 메일, 문자 등으로 공유할 수도 있고, 내가 즐겨찾기 해둔 동영상과 해시태그, 사운드, 스티커 등을 확인할 수도 있어요. 틱톡 로그아웃을 하고 싶을 때도 이곳을 찾으세요. '개인 정보 및 설정'에 들어가 맨 밑에 있는 '로그아웃'을 누르면 됩니다.

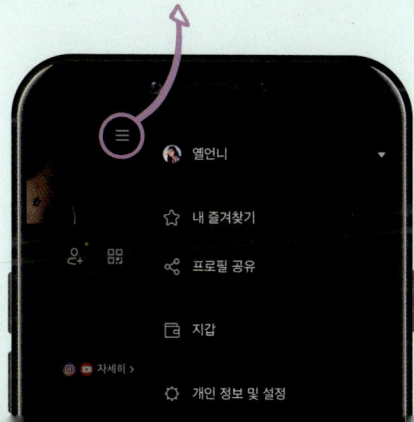

4. 촬영 기능 알아보기

아는 것이 힘! 제대로 된 영상을 찍기 위해서는 틱톡 촬영 기능을 정확히 알고 익혀야겠죠? 어려울까 봐 미리 걱정하지는 마세요. 옐언니가 친절하게 하나하나 다 설명해 줄 테니까요!

음악을 설정하고 싶다면 '사운드 추가'를 클릭하세요. 검색을 통해 자신이 원하는 음악을 고를 수 있을 뿐만 아니라 장르 별 다양한 음악과 최근 인기 있는 음악까지 모두 만나볼 수 있어요.

핸드폰의 전면 카메라와 후면 카메라 중 어느 것을 사용할지 선택할 수 있어요.

촬영 속도를 설정해요. 0.1배속부터 0.5배속, 1배속, 2배속 그리고 3배속까지 총 다섯 가지 속도 중 하나를 고르면 돼요.

'필터'와 '뷰티'가 함께 있는 버튼으로 촬영 전 보정 효과를 줄 수 있어요. 인물, 라이프, 바이브 총 3가지 카테고리로 나뉜 필터 기능으로는 영상의 색감을 결정해요. 뷰티는 인물의 피부 표현과 얼굴형, 눈 크기를 조절할 수 있어요.

15초 안에 원하는 지점에서 촬영 종료될 수 있도록 설정하는 기능이에요. 핸드폰을 삼각대에 연결해두고 촬영할 때 매우 유용합니다.

촬영한 결과물이 마음에 들지 않거나 다음에 촬영하기를 원한다면 'X'를 누르세요. 지금껏 촬영한 것이 모두 취소됩니다.

오른쪽 다섯 개의 아이콘 중 가장 아래에 있는 자세히를 꾹 누르면 플래시 항목이 떠요. 어두운 곳에서 촬영할 때 플래시를 사용하면 좋아요.

영상에 재미를 주고 싶다면 여기를 클릭! Hot, New, Vlog, Superpower, Funny, Beauty, Original, AR, Heart 총 9가지로 분류된 특수 효과 중 마음에 드는 것을 골라 촬영해 보세요!

핸드폰 갤러리에 있던 동영상 목록이 떠요. 마음에 드는 영상을 선택한 뒤 편집해 틱톡에 게시할 수 있어요.

빨간색 버튼을 누르면 녹화가 시작돼요. 버튼은 '탭하여 촬영', '길게 눌러서 촬영' 총 두 가지로 설정할 수 있어요. 탭하여 촬영은 터치로 녹화 시작과 종료를 결정해요. 반면에 길게 눌러서 촬영 모드로 변경하면 붉은색 버튼을 손가락으로 꾹 누르고 있어야 계속 녹화할 수 있어요. 버튼에서 손을 떼면 녹화가 종료돼요.

2 탭하여 촬영, 길게 눌러서 촬영 중 하나를 선택합니다.

1 틱톡 메인 화면에 있는 플러스 버튼을 클릭하세요.

3 '사운드 추가' 버튼을 누른 뒤 목록에서 원하는 음악을 고르세요.

4 촬영 속도를 설정합니다.

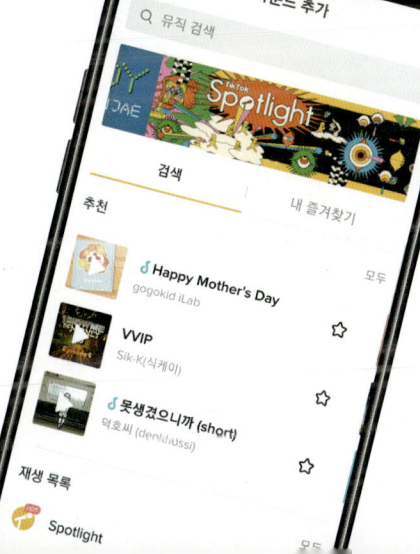

Part 2. TikTok A to Z ; yell

5 '스티커'로 들어가 마음에 드는 효과를 적용하세요.

6 붉은색 버튼을 클릭해 녹화를 시작하세요. 화면 상단에 있는 노란색 바가 움직이면 녹화가 되고 있다는 표시예요.

7 다른 장면을 찍고 싶다면 촬영 버튼에서 손을 떼세요. 노란색 바가 멈추고 하얀색 선으로 촬영 지점이 나타나는 것을 확인할 수 있어요.

8 다시 촬영 버튼을 누르면 노란색 바가 움직이면서 녹화가 시작됩니다. 촬영이 끝나면 자동으로 편집 단계로 넘어갑니다.

Follow me!
멀티 에디팅 배우기

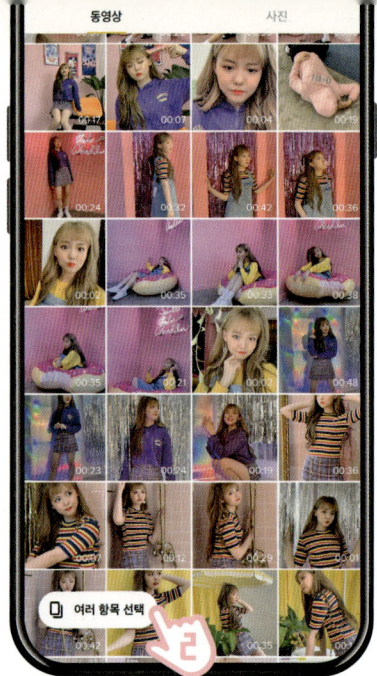

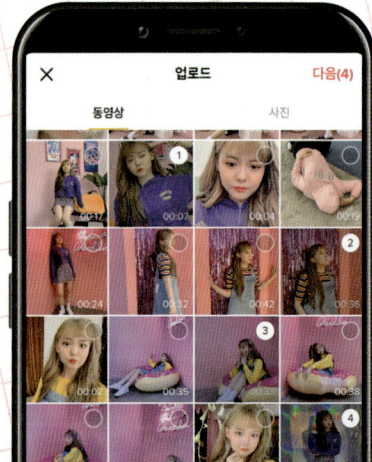

1 촬영 모드에서 화면 하단 오른쪽에 있는 '업로드'를 클릭하세요.

2 동영상 목록이 뜨면 아래쪽에 있는 '여러 항목 선택'을 누르세요.

3 원하는 비디오를 선택한 후 다음 버튼을 클릭하세요. 이때 최대 12개의 동영상을 선택할 수 있어요.

4 노란색 바를 앞·뒤로 움직이면서 각 동영상의 길이를 조절해주세요.

5 편집 페이지에서 음악과 다양한 효과를 주면 끝.

Follow me!
슬라이드쇼 도전하기

1. 촬영 모드에서 화면 하단 오른쪽에 있는 '업로드'를 클릭하세요.

2. 영상 목록에서 동영상 카테고리 바로 옆에 있는 이미지를 선택하세요.

3. 마음에 드는 사진을 고른 뒤 화면 상단 오른쪽에 있는 '슬라이드 쇼'를 누르세요. 이때, 사진은 최대 12장까지 선택할 수 있어요.

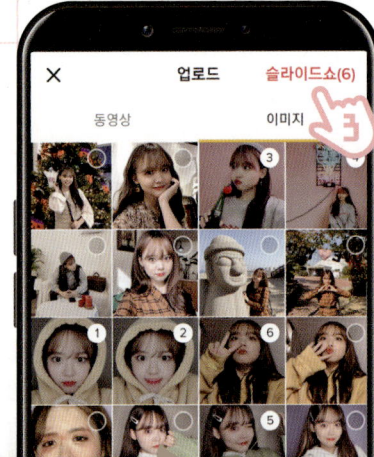

4 사진과 어울리는 음악을 고르세요.

5 마음에 드는 필터를 적용하세요.

6 표지 커버 사진을 선택하고 다음을 누르면 슬라이드 쇼 만들기 성공!

5. 편집 기능 파악하기

촬영을 무사히 마쳤다고 안심하기에는 아직 일러요. 편집 과정을 거쳐야 완벽한 영상이 탄생하는 법이니까요. 공들여 찍은 영상을 한층 업그레이드 시킬 편집 기능에 대해 살펴볼까요?

❶ 촬영 전뿐만 아니라 촬영 후 편집 단계에서도 음악을 정할 수 있어요. 화면 상단 오른쪽에 있는 '사운드 선택'을 클릭하면 OK!

❷ 영상의 소리를 조절하고 싶다면 꾹 누르세요. 오리지널 사운드는 촬영 시 핸드폰에 녹음된 현장 소리를 뜻하고, 사운드 트랙은 틱톡에서 선택한 음악을 말해요. 음악 소리를 더 크게 하고 싶다면 사운드 트랙 버튼을 오른쪽으로 이동하고, 오리지널 사운드를 왼쪽으로 옮기면 됩니다. 반대로 현장 소리를 강조하고 싶으면 오리지널 사운드 버튼을 오른쪽으로 이동하면 되니 참고하세요!

❸ 영상에 음악이 적용되는 구간을 조절할 수 있어요. 노란색 버튼을 눌러 좌우로 옮기면서 원하는 부분에 음악을 넣으면 돼요.

❹ VISUAL, STICKER, TRANS, SPLIT, 시간 총 5가지 카테고리로 분류된 편집 효과. 원하는 효과를 고른 뒤 버튼을 길게 누르면 바로 적용돼요. 여러 가지 효과들을 교차하면서 넣을 수 있고, 마음에 들지 않으면 바로 취소할 수도 있답니다.

❺ 영상의 대표 이미지로 삼을 커버를 선택할 수 있어요. 화면 하단에 나타나는 네모 칸을 좌우로 움직여 마음에 드는 장면에서 멈춘 뒤 완료를 누르면 완성!

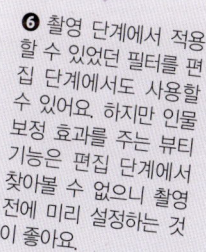

❻ 촬영 단계에서 적용할 수 있었던 필터를 편집 단계에서도 사용할 수 있어요. 하지만 인물 보정 효과를 주는 뷰티 기능은 편집 단계에서 찾아볼 수 없으니 촬영 전에 미리 설정하는 것이 좋아요.

❼ 다양한 숫자와 글씨, 그림, 캐릭터 등으로 이루어진 스티커가 있답니다. 핸드폰에서 기본적으로 사용하는 이모티콘도 만나 볼 수 있어요.

Follow me!
동영상 게시하기

1 맨 위 칸에 완성한 동영상에 대한 짧은 설명을 적어주세요.

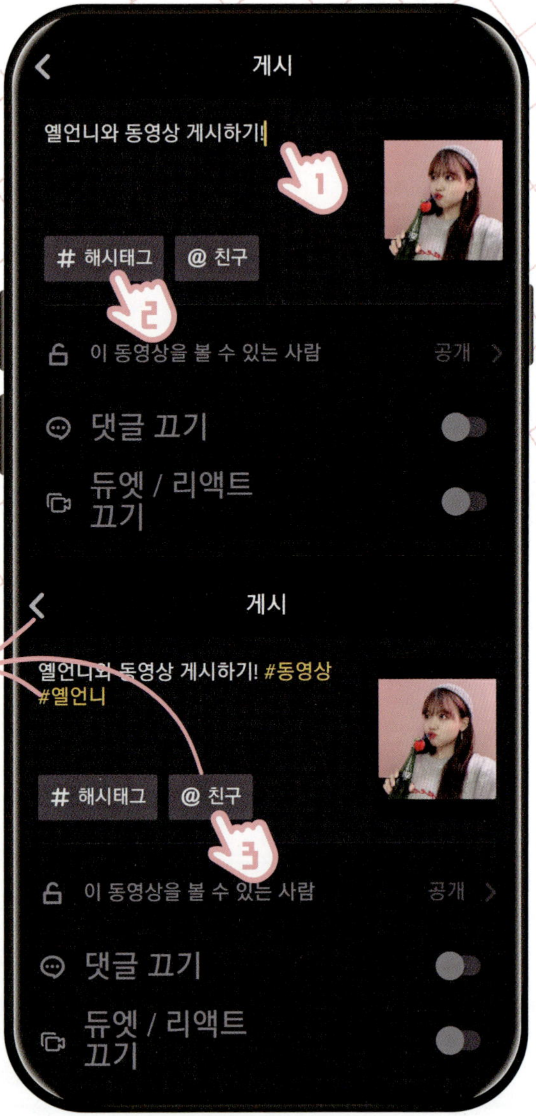

2 영상과 어울리는 해시태그를 설정하세요.

3 내 친구의 이름을 같이 언급하고 싶다면 '@ 친구'를 클릭한 뒤 친구의 틱톡 아이디 또는 닉네임을 검색하세요. 이미 서로 팔로우한 상태라면 친구 목록에서 선택하면 됩니다.

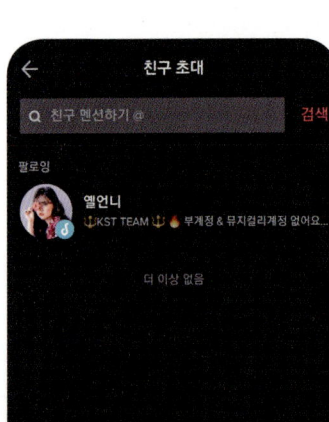

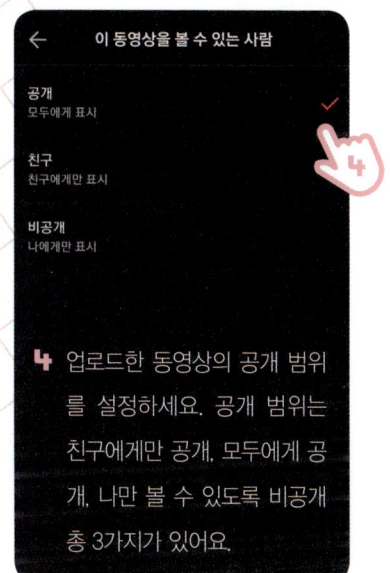

4 업로드한 동영상의 공개 범위를 설정하세요. 공개 범위는 친구에게만 공개, 모두에게 공개, 나만 볼 수 있도록 비공개 총 3가지가 있어요.

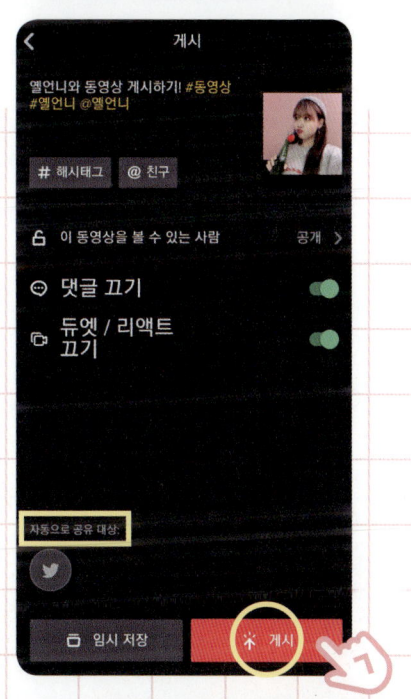

5 영상에 대한 댓글을 받고 싶지 않다면 버튼을 오른쪽으로 옮겨 ON 상태로 만들어요. 댓글을 받고 싶다면 댓글 끄기를 OFF 상태로 두면 돼요.

6 다른 사람들이 내 영상을 활용해 다른 영상을 만드는 걸 원하지 않는다면 '듀엣/리액트 비활성화'를 ON 상태로 만들어요.

7 자동으로 공유 대상에서 트위터, 인스타그램 등의 SNS를 설정한 뒤 게시 버튼을 누르면 동영상이 업로드 돼요.

Check it out
촬영에 필요한 아이템

흔들림 없이 안정적으로 틱톡 촬영을 하기 위해서는 그립톡 장착은 필수! 틱톡 초보자의 눈길을 확 사로잡을 귀여운 그립톡을 소개합니다.

티피티포 그립톡

손가락을 안정적으로 받쳐줘 기기를 보다 편안하게 잡을 수 있어요. 3단으로 높이 조절이 가능해 스탠딩 형식으로 사용할 수 있다는 것도 장점. 모든 차량용 마그네틱 거치대와 호환도 가능해요. 1만6천원.

아이버스터 하트하트해 그립톡

하트 모양의 귀여운 그립톡이에요. 가로, 세로 5cm로 다른 제품에 비해 비교적 사이즈가 커서 손이 큰 친구들이 사용해도 핸드폰을 안정적으로 지탱해주는 것이 특징이에요. 1만4천 원.

아이버스터 데이지 그립톡

안에 원형 철판이 들어있어 차량용 자석 거치대에 바로 부착하여 사용할 수 있어요. 기존 제품보다 더욱 얇고 가볍게 업그레이드 돼서 손에 부담을 주지 않아요. 1만3천원.

아이버스터 오버액션토끼 그립톡

인기 캐릭터 '오버액션토끼'와 콜라보레이션 한 제품이에요. 그립감이 무척 뛰어나 더욱 안정적으로 기기를 잡을 수 있어요. 총 여섯 가지 디자인 중 마음에 드는 것을 선택할 수 있답니다. 1만3천9백 원.

STEP 3. 옐언니가 알려주는 틱톡 촬영 꿀팁

옐언니처럼 화려하고 재미있는 영상을 찍고 싶다면 여기 주목!
틱톡 입문자도 쉽게 따라 할 수 있는 옐언니만의 틱톡 촬영 꿀팁을
지금 공개합니다!

1. 좌우 화면 전환 기술

1

3

4

1 속도를 2배속으로 맞추고, 촬영 버튼은 '길게 눌러서 촬영'으로 설정하세요.

2 촬영 버튼을 누르며 정면에서 왼쪽으로 팔을 이동합니다. 팔이 완전히 왼쪽으로 오기 전에 재빨리 촬영 버튼에서 손을 떼는 것이 포인트.

3 이번에는 오른쪽 손으로 핸드폰을 들어요. 그리고 촬영 버튼을 누르며 오른쪽에서 정면으로 오게끔 팔을 이동합니다.

4 귀엽게 엔딩 포즈를 취해주면 완성!

2. 상하 화면 전환 기술 🔍

1 속도를 2배속으로 맞추고, 촬영 버튼은 '길게 눌러서 촬영'으로 설정하세요.

2 촬영 버튼을 누르며 정면에서 머리 위 정수리 부근까지 빠르게 손을 들어 올려요.
이동함과 동시에 버튼을 누르고 있던 손을 떼어내는 것이 중요!

Part 2. TikTok A to Z ; yell

3 핸드폰을 배꼽 부분에 두고 카메라 전면 렌즈가 아래에서 위로 향하게 만들어요. 그리고 촬영 버튼을 누르며 빠른 속도로 정면까지 손을 들어 올립니다.

4 카메라를 향해 환하게 웃어주며 촬영을 마무리해요.

3. 회전 화면 전환 기술

1 속도를 2배속으로 맞추고, 촬영 버튼은 '길게 눌러서 촬영'으로 설정하세요.

2 왼손으로 핸드폰을 들고 정면에서 찍다가 손목을 오른쪽으로 빠르게 틀어주며 촬영 버튼에서 손을 뗍니다.

3 오른손으로 핸드폰을 들고 손목을 왼쪽으로 틀어 **2**에서 멈춘 지점과 반대 방향에 맞춰줘요.

4 그 상태에서 촬영 버튼을 눌러 손목을 오른쪽으로 틀어 화면이 정면을 향하도록 합니다.

5 깜찍한 표정을 지어주면 끝!

4. 쌍둥이 회전 기술

1 속도를 2배속으로 맞추고, 촬영 버튼은 '길게 눌러서 촬영'으로 설정하세요.

2 영상을 찍다가 상반신이 화면에 꽉 들어차도록 핸드폰을 가까이 가져옵니다.

3 화면에 상반신이 들어차는 순간 재빨리 핸드폰을 배까지 내린 후 촬영 버튼에서 손을 떼세요.

4 핸드폰을 180도 거꾸로 돌린 상태에서 촬영 버튼을 꾹 누르며 배에서 얼굴까지 들어 올려요.

5 자연스러운 미소를 지으며 촬영을 끝냅니다.

5. 360도 얼굴 돌리기 기술

1 속도를 2배속으로 맞추고, 촬영 버튼은 '길게 눌러서 촬영'으로 설정하세요.

2 촬영 버튼을 누른 채로 정면을 바라보다가 오른쪽으로 얼굴을 휙 돌립니다. 얼굴을 돌림과 동시에 촬영 버튼에서 손을 떼는 것을 잊지 마세요!

Part 2. TikTok A to Z ; yell

3   정반대인 왼쪽을 바라본 상태에서 다시 촬영 버튼을 누르며 빠르게 고개를 돌려 정면을 바라보세요.

4   2와 3을 원하는 만큼 반복하면 끝!

6. 스무스 기술

1 마음에 드는 음악을 정하고 그 음악에 맞는 간단한 동작을 만들어 연습합니다.

2 속도를 2배속으로 맞추고, 촬영 버튼은 '길게 눌러서 촬영'으로 설정하세요.

3 카메라를 들고 있는 팔을 최대한 앞으로 쭉 편 상태에서 촬영을 시작합니다.

4 동작 흐름에 따라 핸드폰을 부드럽게 상하좌우로 움직여요.

5 멜로디가 바뀌는 부분에서 한 번씩 핸드폰의 움직임을 멈추며 흔들어주세요.

6 립싱크까지 자연스럽게 하면 스무스 기술을 활용한 영상 만들기 성공!

7. 순간이동 기술

1 속도를 2배속으로 맞추고, 촬영 버튼은 '길게 눌러서 촬영'으로 설정하세요.

2 첫 번째 장소에서 2~3초 정도 촬영하다가 손바닥으로 카메라를 가리며 촬영 버튼에서 손을 뗍니다.

3 두 번째 장소로 이동한 후 카메라 렌즈를 손으로 가린 채 촬영 버튼을 누르세요.

4 렌즈에서 손을 떼어주면서 **2**번과 자연스럽게 이어지게끔 포즈를 취해줍니다.

5 계속 장소를 이동하면서 **2**, **3**, **4**를 반복하면 끝!

8. 같은 스티커로 영상 찍기

1 틱톡에서 마음에 드는 영상을 찾은 후 화면 오른쪽에 있는 공유 버튼을 누릅니다.

2 새롭게 뜬 알림창에서 '이 효과로 촬영'을 선택하세요.

3 화면에 스티커가 뜨면 촬영 버튼을 눌러요.

4 즐겁게 영상을 찍어요.

9. 같은 음악 활용해 찍기

1 틱톡에서 마음에 드는 영상을 찾은 후 화면 오른쪽 하단에서 빙글빙글 돌아가고 있는 사운드 버튼을 누릅니다.

2 사운드에 대한 설명 페이지가 뜨면 가운데에 있는 붉은색 촬영 버튼을 클릭하세요.

3 촬영 화면에 음악이 적용되면 즐겁게 촬영해요.

10. 화면 분할

1 촬영 버튼을 눌러 즐겁게 영상을 찍어요.

2 편집 단계에서 하단 왼쪽에 있는 '편집 효과'를 누릅니다.

3 총 5개의 카테고리 중 'SPLIT'를 선택하세요.

4 취향에 따라 2~9개의 화면 분할 중 원하는 것을 골라 적용한 뒤 저장 버튼을 누르요.

5 완성된 영상을 틱톡에 업로드하면 완성!

1. 리액트 기술

1. 틱톡에서 마음에 드는 영상을 찾은 뒤 화면 오른쪽에 있는 공유 버튼을 눌러요.

2. 알림창이 뜨면 리액트 버튼을 찾아 클릭합니다.

3. 선택한 영상 위에 자신의 모습이 작은 화면으로 뜨는 것을 확인합니다.

4. 손가락으로 화면을 드래그하여 원하는 위치에 옮긴 뒤 촬영 버튼을 누르고 재미있는 리액션을 해주세요.

Tip 핸드폰을 구매했을 때 함께 들어있는 이어폰은 대부분 마이크 기능이 있답니다. 미리 이어폰을 연결한 상태에서 촬영하면 목소리를 더 또렷하게 녹음할 수 있어요!

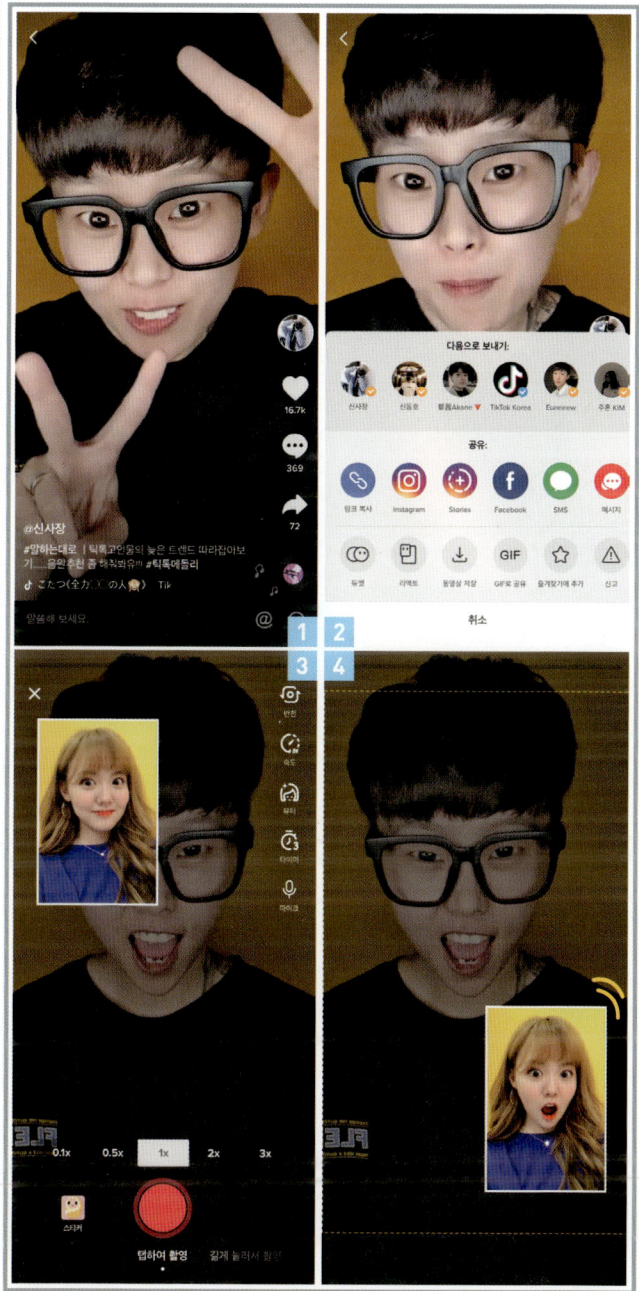

Part 2. TikTok A to Z : yell

2. 의상 바꾸기 기술 - 벗기편

2 3

1 속도를 2배속으로 맞추고, 촬영 버튼은 '길게 눌러서 촬영'으로 설정하세요.

2 후드 점퍼 또는 재킷을 입고 영상을 찍어요.

3 옷에 손을 대는 순간 카메라를 살짝 흔들며 촬영 버튼에서 손을 떼어냅니다.

4 입고 있던 옷을 벗어 손에 들고
  3의 마지막 자세와 똑같은 자세를 취해요.

5 촬영 버튼을 다시 누름과 동시에 핸드폰을
  살짝 흔들어주고 손에 들고 있던 옷을
  카메라 밖으로 던집니다.

6 천연덕스럽게 포즈를 취해주며 촬영을
  마무리해요.

Part 2. TikTok A to Z ; yell

3. 의상 바꾸기 기술 - 입기편

1 속도를 2배속으로 맞추고, 촬영 버튼은 '길게 눌러서 촬영'으로 설정하세요.

2 자연스럽게 영상을 찍다가 미리 손에 들고 있던 후드 점퍼 또는 재킷을 화면 안으로 끌고 오세요.

3 옷이 화면 안으로 들어오는 순간 카메라를 살짝 흔들며 촬영 버튼에서 손을 뗍니다.

4 재빨리 옷을 입고 **3**의 마지막 자세와 똑같은 자세를 취하세요.

5 촬영 버튼을 누름과 동시에 핸드폰을 살짝 흔들어주면 의상 바꾸기 기술 습득 완료!

4. 의상 바꾸기 기술 - 회전편

1 핸드폰을 삼각대에 연결한 뒤 속도를 2배속으로 맞추고, 촬영 버튼을 '탭하여 촬영'으로 설정하세요.

2 옷이 바뀔 타이밍을 미리 생각하며 타이머를 맞춰둡니다.

3 촬영을 시작하다가 옷이 바뀔 타이밍에 빙그르 돌아주세요.

Part 2. TikTok A to Z ; yell

4 5

4 다른 옷으로 갈아입은 후 다시 타이머를 자신이 찍을 구간까지 맞춰요.

5 촬영 버튼을 누르고 3번과 똑같은 방향으로 빙그르르 돌아주면 됩니다.

Tip 이 기술은 무엇보다 타이밍이 생명이에요. 타이머를 맞추고 회전을 하는 연습을 미리 해보는 것이 좋아요.

5. 깜짝 물건 소환 기술

1 속도를 2배속으로 맞추고, 촬영 버튼은 '길게 눌러서 촬영'으로 설정하세요.

2 영상을 찍다가 안경이 나타나야 하는 지점에서 포즈를 취해요. 멈추기 전에 핸드폰을 살짝 흔들며 촬영 버튼에서 손을 뗍니다.

3 안경을 쓰고 **2**와 똑같은 포즈를 취한 뒤 촬영을 시작합니다.

4 영상을 찍다가 팝콘이 나타나야 하는 지점에서 포즈를 취하고 멈춰주세요. 핸드폰을 살짝 흔드는 것도 잊지 마세요.

5 팝콘을 손에 들고 **4**와 똑같은 포즈를 취하며 자연스럽게 촬영을 마무리합니다.

6. 깜짝 물건 소환 기술-2

1 속도를 2배속으로 맞추고, 촬영 버튼은 '길게 눌러서 촬영'으로 설정하세요.

2 촬영을 시작한 후 손을 앞으로 쭉 뻗어 카메라 렌즈를 가립니다. 멈추기 전에 촬영 버튼에서 손을 떼세요.

3 물건을 손에 들고 **2**의 마지막 자세를 유지하세요. 손에 든 물건으로 카메라 렌즈를 가리며 촬영 버튼을 눌러요.

Part 2. TikTok A to Z ; yell

4 화면 안으로 물건을
자연스럽게 가져오세요.

5 귀여운 표정을 지으며
마지막 포즈를 취합니다.

7. 사람 소환 기술

1 같이 촬영할 친구 한 명을 섭외해요.
2 속도를 2배속으로 맞추고, 촬영 버튼은 '길게 눌러서 촬영'으로 설정하세요.

3 친구 어깨에 후드 점퍼를 걸치게 한 후 앞에 서게 합니다.

4 친구의 뒷모습을 찍다가 모자 부분을 잡고 살짝 들어 올리며 촬영을 멈춰요.
이때 친구는 잽싸게 아래로 몸을 숙여 카메라에 나오지 않도록 합니다.

5 속도를 0.5배속으로 맞춘 후 다시 촬영 버튼을 눌러요. 손에 들고 있던 점퍼를 멀리 던져요.

6 점퍼가 땅에 떨어지기 직전에 촬영을 멈춥니다.

7 숨어있던 친구는 점퍼가 떨어진 곳으로 가서 옷을 입고 살짝 뛰어주면서 포즈를 취해요.

8 촬영 버튼을 다시 누를 때 핸드폰을 조금 흔들어주면서 친구의 모습을 찍어요.

8. 영혼 탈출 기술

1 속도를 1배속으로 맞추고, 촬영 버튼은 '탭하여 촬영'모드로 설정하세요.

2 스티커에 들어가 영혼 탈출 스티커를 눌러 적용합니다.

Part 2. TikTok A to Z ; yell

3 촬영 버튼을 누르고 3~4초 기다렸다가 옆으로 쓱 움직여요.

4 화면에 잔상이 남은 것을 확인하며 놀라운 표정을 지으면 완성!

129

9. 타임머신

1 타임머신 효과에 적용할 영상을 촬영합니다. 음료수를 먹거나 화장을 지우는 등의 영상이 가장 좋습니다.

2 편집 페이지에서 편집 효과를 선택합니다.

3 VISUAL, STICKER, TRANS, SPLIT, 시간
  총 다섯 가지 편집 효과 중 시간을 클릭해요.

4 역방향, 플래시, 슬로우모션 중
  역방향을 골라요.

5 편집 완료된 영상을 업로드하면 끝!

1. 조명 회전 기술

1 속도를 2배속으로 맞추고, 촬영 버튼은 '길게 눌러서 촬영'으로 설정하세요.

2 셀카조명(링 라이트)을 준비하고 방의 불을 꺼줍니다.

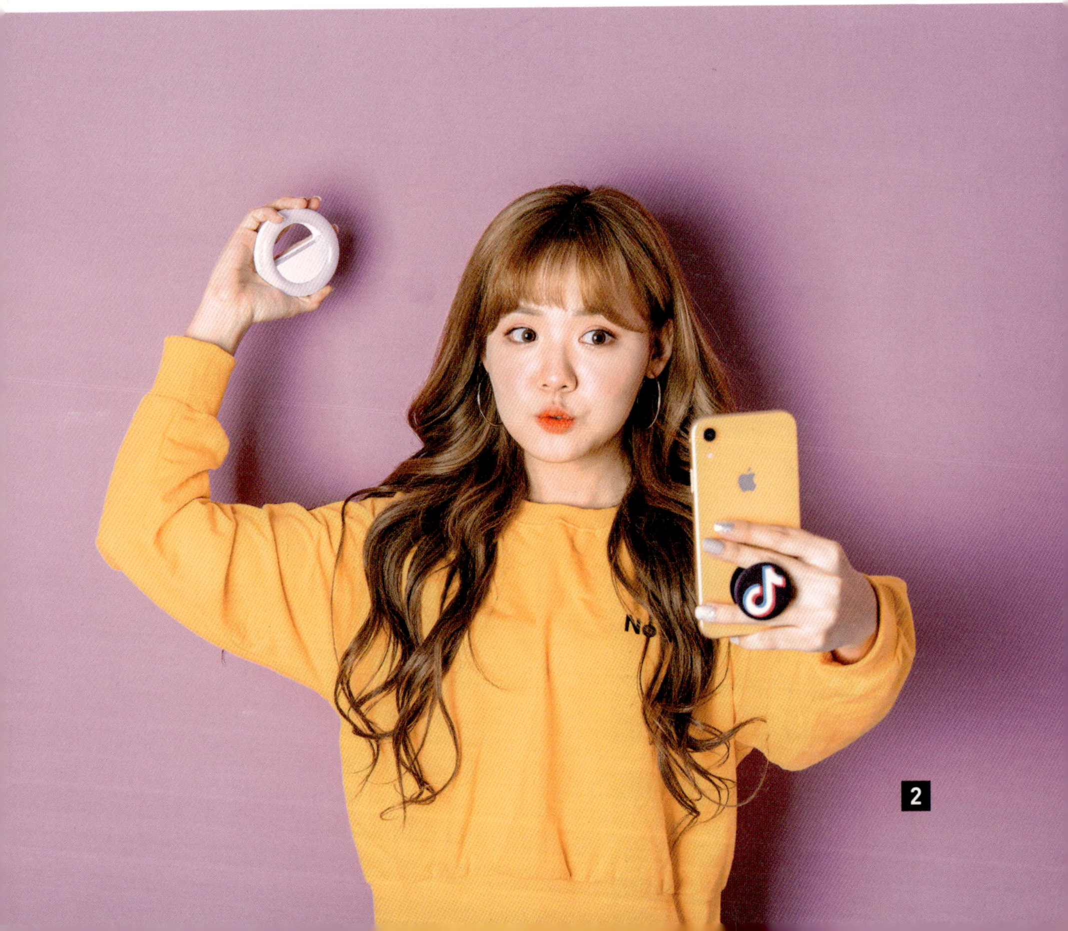

3 영상을 찍다가 조명을 얼굴 정면에서 오른쪽으로 돌려 머리 뒤쪽으로 옮겨주세요. 이때, 촬영 버튼에서 손을 뗍니다.

4 다시 촬영 버튼을 누른 후 조명이 왼쪽에서 정면으로 돌아오게 팔을 움직여요.

5 3과 4를 계속 반복하며 영상을 마무리한다.

2. 손 망원경 기술

1 속도를 2배속으로 맞추고, 촬영 버튼은 '길게 눌러서 촬영'으로 설정하세요.

2 영상을 찍다가 왼손을 동그랗게 오므려 렌즈 모양으로 만들어준 뒤 카메라 가까이 가져다 대요. 이때, 촬영 버튼에서 손을 뗍니다.

3 화면 상단 오른쪽에 있는 '반전'을 눌러 전면 카메라에서 후면 카메라로 방향을 바꿔주세요.

4 후면 카메라에 렌즈 모양으로
동그랗게 오므린 손을
가져다 댑니다.

5 촬영과 동시에 손을 바깥
방향으로 떨어트린 후
마지막 포즈를 취해요.

Tip 손이 오고 가는 타이밍을 정확하게 맞춰 촬영하면 한결 자연스러운 영상을 만들 수 있어요.

3. 물결 효과 기술

1 속도를 2배속으로 맞추고, 촬영 버튼은 '길게 눌러서 촬영'으로 설정하세요.

2 귀여운 표정을 지으며 영상을 찍다가 특정 포즈에서 촬영을 멈춰요.

3 영상 속도를 0.5배속으로 바꿔줍니다.

4 2에서 자세를 유지한 채 핸드폰을 계속 흔들면서 촬영을 다시 시작하세요.

4. 필터 바꾸기 기술

1 핸드폰을 삼각대에 연결해 설치합니다.

2 속도를 2배속으로 맞추고, 촬영 버튼은 '탭하여 촬영'으로 설정하세요. 15초 타이머도 잊지 마세요!

3 마음에 드는 음악을 선곡하고 간단한 손댄스를 만들어 연습하세요.
이때 필터를 옆으로 미는 듯한 동작을 정하면 좋습니다.

4 촬영 버튼을 누르고 카메라 앞에 서서 리듬에 맞춰 춤을 춥니다.

5 촬영이 끝나면 핸드폰 기능 중 화면 녹화 기능을 켜주세요.

6 다시 틱톡으로 돌아가 **3**의 영상 편집 페이지에서 순서대로 필터를 적용하세요. 영상에 나오는 안무와 손짓에 맞춰 필터를 적용하는 것이 포인트!

7 필터를 다 적용했으면 화면 녹화 기능을 정지하고 갤러리에 저장된 동영상을 확인합니다.

8 틱톡에 완성된 영상을 올리면 끝!

5. 화면 속의 나 기술

1 속도를 2배속으로 맞추고, 촬영 버튼은 '길게 눌러서 촬영'으로 설정하세요.

2 자연스럽게 포즈를 취하며 촬영하다가 핸드폰을 멈추세요.

3 **2**의 마지막 모습과 같은 자세를 취하고 두 번째 핸드폰으로 셀카를 찍어요. 그리고 촬영한 사진을 핸드폰 화면에 띄워요.

4 첫 번째 핸드폰으로 다시 틱톡으로 돌아가 두 번째 핸드폰 화면을 촬영해요.

4

5 두 번째 핸드폰 화면이 앵글에 꽉 차게끔 촬영해 주세요.

6 카메라 앵글을 뒤로 천천히 빼면서 핸드폰 전체 모습을 보여주면 끝!

6. 화면 속의 나 회전 기술

1 속도를 2배속으로 맞추고, 촬영 버튼은 '길게 눌러서 촬영'으로 설정하세요.

2 다른 핸드폰에 내 모습을 찍은 사진을 보내 바탕화면에 띄워놓습니다.

3 사진을 띄운 핸드폰을 손에 들고 카메라 정면에 위치를 맞춘 뒤 촬영 버튼을 눌러요.

4 촬영이 시작됨과 동시에 핸드폰을 든 손목을 왼쪽으로 비틀고 멈춥니다.

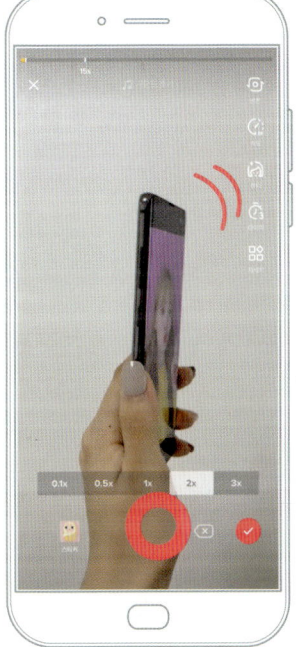

5 핸드폰을 오른쪽으로 향하게 한 후 다시 정면으로 오는 순간 촬영을 시작합니다.

Tip 손목을 돌리는 것과 동시에 촬영 버튼을 누르는 게 중요해요.

6 이번에는 손에 든 핸드폰을 위로 향하게끔 방향을 틀면서 촬영 버튼에서 손을 뗍니다.

7 다시 촬영 버튼을 누르면서 핸드폰을 아래에서 위로 움직여 마치 핸드폰이 한 바퀴 돌린 것처럼 연출하세요.

8 동작을 계속해서 반복하면 기술 습득 완료!

7. 듀엣 촬영 기술

1 틱톡에서 마음에 드는 영상을 찾은 뒤
   화면 오른쪽에 있는 공유 버튼을 클릭하세요.

2 알림창이 뜨면 듀엣 버튼을 찾아 눌러주세요.

3 삼각대에 핸드폰을 연결해 고정하고 영상 속도는 2배속으로,
   촬영 버튼은 '탭하여 촬영'으로 설정하세요. 타이머도 함께 맞춰둡니다.

4 촬영 버튼을 누르고 재미있게 촬영을 시작해요.

5 편집까지 마무리된 영상을 틱톡에 올려 친구들에게 자랑해봐요!

Tip 만약 틱톡에 동영상을 1분 동안 올릴 수 있는
친구라도 듀엣 영상은 반드시 15초로
설정해야 해요.
15초가 넘어가면 듀엣 영상을 찍을 수가 없답니다.

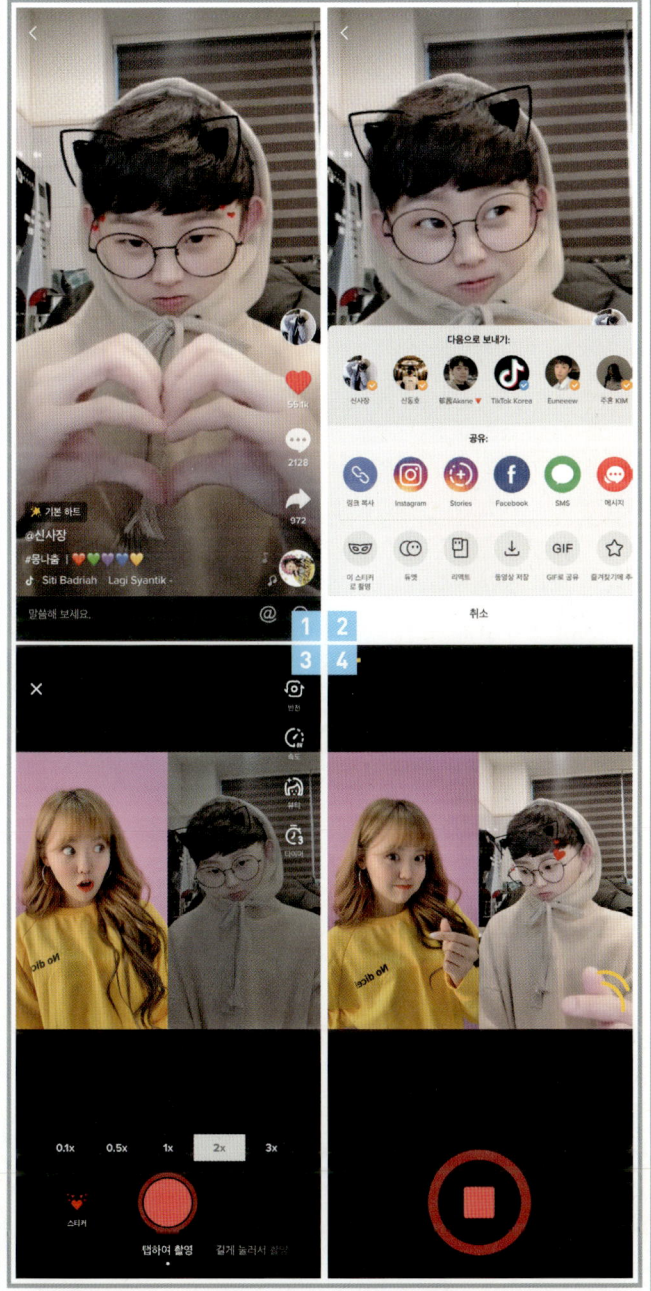

8. 종이 찢기 기술

1 안 쓰는 종이를 미리 작게 잘라서 준비해주세요.

2 속도를 2배속으로 맞추고, 촬영 버튼은 '길게 눌러서 촬영'으로 설정하세요.

3 종이로 바꿀 물건을 들고 촬영을 하다가 마지막에 미리 정한 포즈를 취해주세요.

4 물건을 내려놓고 미리 준비해둔 종이를 집어 들어 **3**의 마지막 포즈를 그대로 취해주세요.

5 촬영 버튼을 누름과 동시에 종이를 공중에 흩뿌려줍니다.

Tip 종이를 뿌릴 때 핸드폰을 살짝 흔들어주세요. 앞의 영상과 자연스럽게 이어질 거예요!

Check it out Tip

이건 몰랐지? 옐언니의 알짜배기 틱톡 노하우

더 퀄리티 높은 틱톡 영상을 찍나요? 그럴 줄 알고 옐언니가 준비했어요. 초보자들을 위해 옐언니가 몰래 알려주는 틱톡 영상 잘 찍는 방법!

1. **최대한 깔끔한 배경**에서 촬영하세요. 깨끗한 벽을 등지고 촬영하는 것이 가장 좋답니다. 만약 적당한 배경이 없다면 커다란 종이나 천을 설치해 주변을 말끔하게 정돈하는 것을 추천해요.

2. **언제나 스마일은 필수!** "지금 너무 신나요. 이 노래가 정말 좋아요!"라는 마음을 얼굴로 표현해주세요. 환하게 웃어야 보는 사람도 즐거운 법이니까요.

3. **립싱크 영상**에 도전하고 싶다면 촬영 전에 가사를 미리 적어두고 따라 불러보세요. 정확한 타이밍에 맞춰 입 모양을 만들어야 자연스러운 영상을 완성할 수 있답니다.

4. **손과 팔, 어깨 등의 각도와 모양**을 확실하고 분명하게 잡아주세요. 아이돌도 칼군무를 춰야 무대 완성도가 높아지는 것처럼 틱톡도 동작을 정확히 맞추면 영상이 훨씬 깔끔해 보여요.

#핑거 템포 챌린지

틱톡 입문자가 제일 먼저 도전해야 할 챌린지 중 하나예요. 쿵쾅거리는 박자에 맞춰 미리 정해둔 손댄스를 추는 것이 포인트! 다른 사람의 영상을 보고 천천히 따라 해보세요. 만약, 동작이 너무 복잡하고 어렵다면 약간 변형시키는 것도 좋아요. 잘 안 되는 동작을 억지로 따라 하는 것보다 레벨을 조금 낮추더라도 깔끔하고 정확한 움직임을 보여주면 더욱 완성도 높은 영상을 만들 수 있답니다.

#배그 손댄스 챌린지

핑거 템포 챌린지에 성공했다면, 이제는 배그 손댄스 챌린지를 시도해 볼 차례입니다. 서바이벌 슈팅 게임인 배틀그라운드 음악 또는 효과음에 맞춰 총을 쏘는 듯한 자세를 취해주면 돼요. 핑거 템포 챌린지보다 동작이 조금 어려운 편이니, 촬영 전에 연습은 필수! 최대한 군더더기 없는 절도 있는 동작을 취해야 깔끔한 영상을 완성할 수 있어요. 여기에 마치 게임 속 캐릭터가 된 듯 강렬하고 단호한 눈빛 연기를 해주면 당신도 이제 배그 손댄스 마스터!

#냥냥 고양이 송 챌린지

귀엽고 사랑스러운 챌린지에 도전하고 싶나요? 그렇다면 냥냥 고양이 송 챌린지가 딱 이에요! 중국 인기 BJ 중 한 명인 펑티모가 〈고양이 소리를 따라 해보자〉라는 노래를 커버하면서 인기를 끌게 된 챌린지랍니다. 귀여운 노래에 맞춰서 깜찍한 율동을 추면 OK! 여기에 고양이 귀와 꼬리가 뿅! 하고 나타나는 스티커까지 적용하면 조금 더 사랑스럽게 연출할 수 있어요.

#이리 와요 내 사랑 챌린지

다른 사람의 도움이 꼭 필요한 챌린지예요. 촬영하는 사람이 카메라를 들지 않은 나머지 손을 앞으로 쭉 내밀면 멀리 서 있던 다른 사람이 쪼르르 달려와 그 손에 턱을 괴고 깜찍한 표정을 짓는 것이랍니다. 비교적 간단하고 쉽게 귀여운 영상을 만들 수 있어 틱톡커뿐만 아니라 유명 연예인들도 많이 도전해 입소문을 끌었어요.

#포즈 챌린지

포즈 챌린지는 '카라반 팰리스(Caravan palace)'의 〈원더랜드(Wonderland)〉라는 곡과 함께 큰 인기를 얻었어요. 경쾌한 리듬에 맞춰 미리 정해둔 포즈를 취해야 하는데, 촬영 중인 핸드폰을 앞뒤로 움직이거나 무릎을 굽혔다가 다시 펴면서 몸을 흔들어 마치 사진을 앞뒤로 넘기는 듯한 효과를 주는 게 특징이에요. 이때, 상체는 흔들림 없이 고정해 포즈를 유지해야 더 자연스러운 영상을 만들 수 있답니다. 혼자서 챌린지를 해도 좋고, 친구들과 다 같이 도전해도 재미있어요.

#인싸춤 챌린지

수많은 틱톡 챌린지 중에 댄스 챌린지도 빼놓을 수 없죠? 가장 대표적인 것이 바로 인싸춤 챌린지랍니다. 여러 가지 버전이 있지만, 옐언니는 아기 상어 리믹스 사운드를 적용한 챌린지를 추천해요! 최근 유행하는 망치 춤이 포함되어 있는데, 비교적 동작이 간단해서 춤을 잘 추지 못하는 사람도 부담 없이 따라 할 수 있답니다. 영상에 틱톡 내 여러 효과를 적절히 넣어주면 인싸춤 챌린지 도전 성공!

#메이크 썸 틱톡 챌린지

마지막으로 추천할 챌린지는 바로 메이크 썸 틱톡이에요. 이름에서 알 수 있듯이 틱톡에서 자체적으로 진행한 챌린지죠. 흥겨운 리듬에 맞춰서 간단한 율동을 추면 돼요. 그리고 "틱톡!"이라고 나오는 부분에서 센스 있는 포즈를 취하면 OK! 인싸춤 챌린지처럼 동작이 복잡하지 않기 때문에 약간의 연습만 하면 곧바로 챌린지에 도전할 수 있어서 좋아요.

#이모티콘 따라하기

You can make the best Emoji face.
Here we go!

'병맛' 옐언니 레전드 틱톡 영상 모음 1

Sister Legend ; yell

또잉~
또잉~
또잉~

ㅋㅇㅏㅇㅏㅇ!

#피카츄 여하!! ('여러분 하이'라는 뜻)

준비! 3, 2, 1, Go! 기쁠 때? 삐까츄! 슬플 때? 피카피카…….

궁금할 때? 피카츄? 화날 때! 피카피카! 겁먹을 때? 피이이이카아아!

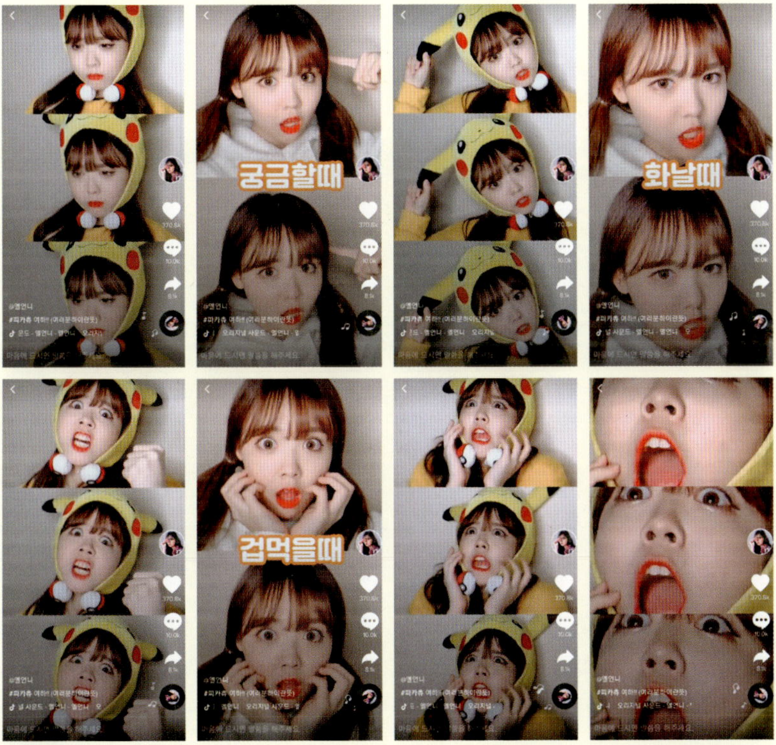

두두둥!

#베이비그루트

**I'm Groot? No! Try again!
I'm Groot. uhm?
I'm Groot? ah ha?
I'm Groot! Noooo!!!!**

I'm Groot? No! Try again!
I'm Groot. uhm?
I'm Groot? ah ha?
I'm Groot! Noooo!!!!

Sister Legend ; yell

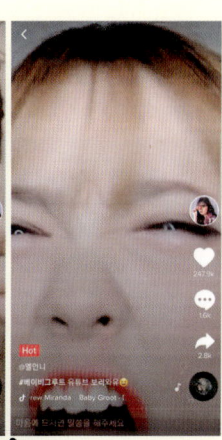

빨간색 아니야~

#메리미

Rebecca! I love you! I love you too. I love~~~~you! Marry me, Rebecca! No. Why~? I don't love you. Oopsy!

Marry me, Rebecca! No.

Rebecca! I love you!
I love you too.
I love~~~~you!

Why~? I don't love you. Oopsy!

#남자친구 너무 좋아 증후군

남자친구 너무 좋아 증후군!
3! 2! 1! GO!
남자친구 게시물 전부 보기!
남자친구 스마트폰에 위치추적!
남자친구 티셔츠 훔쳐서 쿵카쿵카!
배웅하는 척 미행하기!
데이트가 끝나가면 눈물을 흘려.
가짜 눈물은 특기라고!
오늘도! 남자친구!
너무 좋아 증후군!
(@♡3♡@)

히,익!

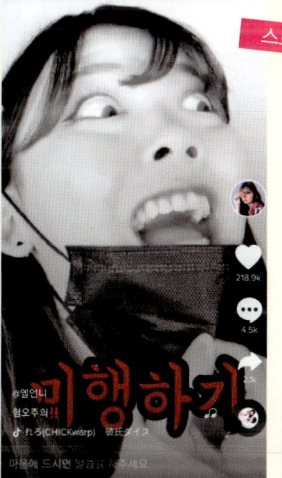

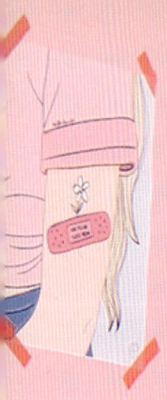

Step 1. '유튜브 알못'을 위한 친절 안내서

Step 2. 옐언니와 함께하는 실전 유튜브

Step 3. 옐언니의 유튜브 편집 노하우

Part 3.
YouTube A to Z ; yell

STEP 1.

'유튜브 알못'을 위한 친절 안내서

온라인 결제 서비스 업체 페이팔에서 함께 활동하던 스티브 첸, 채드 헐리, 자웨드 카림은 어느 날 동영상을 자유롭게 업로드할 수 있는 사이트를 만들어야겠다고 결심했어요. 여러 노력 끝에 2005년, 드디어 세 사람은 동영상 전문 업체를 설립했어요. 그것이 바로 우리가 알고 있는 '유튜브'랍니다.

유튜브는 '모든 사람'을 뜻하는 영어 단어 'You'와 텔레비전을 일컫는 미국 속어 'Tube'를 합친 말이에요. '당신이 원하는 콘텐트를 마음껏 선택해서 볼 수 있는 TV'라는 의미를 담고 있죠.

2005년 미국에서 처음 등장한 유튜브는 그로부터 3년 후인 2008년에 영국, 프랑스, 호주, 일본 등에 이어 19번째로 한국에서 정식 서비스를 시작했어요. 1인 미디어에 대한 관심이 점점 높아지면서 유튜브의 인기도 함께 높아져만 갔어요.

지금은 유튜브 시대!

기본적으로 '방송'은 관련 지식을 쌓고 기술을 배운 전문가들에게게만 허락된 영역이었어요. 일단 영상을 만들기 위해서는 고가의 촬영 장비와 편집 프로그램이 있어야 했거든요. 게다가 완성된 영상을 불특정 다수에게 보내기 위해서는 송신 전파, 즉 '채널'이 꼭 필요했죠. 어렵게 영상을 만들어도 채널이 없으면 다른 사람에게 보여주지 못하고 그저 개인 소장만 할 뿐이니까요.

하지만 기술이 점점 발달하면서 이제는 핸드폰 하나만 있으면 전문 지식 없이도 누구나 쉽게 촬영하고 영상을 편집할 수 있게 되었어요. 그리고 인터넷을 통해 전 세계 어디든 내가 만든 영상을 보낼 수 있죠. 유튜브는 이러한 시대적 변화를 적극적으로 반영해 기꺼이 사람들의 놀이터가 되어주었어요.

유튜브는 시간과 장소 상관없이 영상을 찍어 올릴 수 있고, 다른 사람들이 올린 영상을 마음껏 보고 즐길 수 있어요. 영상의 주제도 무척 다양하답니다. 평범한 일상을 담은 영상부터 각 분야의 전문가가 만든 영상까지 모두 담겨 있죠. 한 번 보면 쉽게 헤어 나오지 못할 정도로 개성 넘치고 재미있는 영상이 가득해서 이제는 TV에서 하는 예능 프로그램보다 유튜브 영상을 보는 사람들이 더 많아질 정도예요.

그야말로 1인 미디어의 전성시대라고 할 수 있는 요즘, 유치원생부터 70대 할머니와 할아버지까지 유튜브에 도전하고 있어요. 남녀 불문, 나이 상관없이 누구나 크리에이터가 될 수 있는 거죠. 여러분도 자신만의 영상을 만들어 전 세계 사람들과 공유하고 싶다면 저와 함께 유튜브의 세계로 함께 떠나요!

STEP 2.
옐언니와 함께하는 실전 유튜브

I. 구글 가입하기

2006년 구글에서 유튜브를 인수한 이후 지메일 계정 없이는 유튜브를 사용할 수 없게 되었어요. 그래서 유튜브 시작 전에 반드시 지메일 계정을 만들어야 해요. 단, 14세 미만인 친구는 부모님 동의가 있어야 지메일 계정을 만들 수 있다고 하니 참고하세요.

Follow me!
지메일 계정 만들기

1 지메일 사이트(mail.google.com)에 접속한 뒤 '계정 만들기' – '본인 계정'을 누르세요.

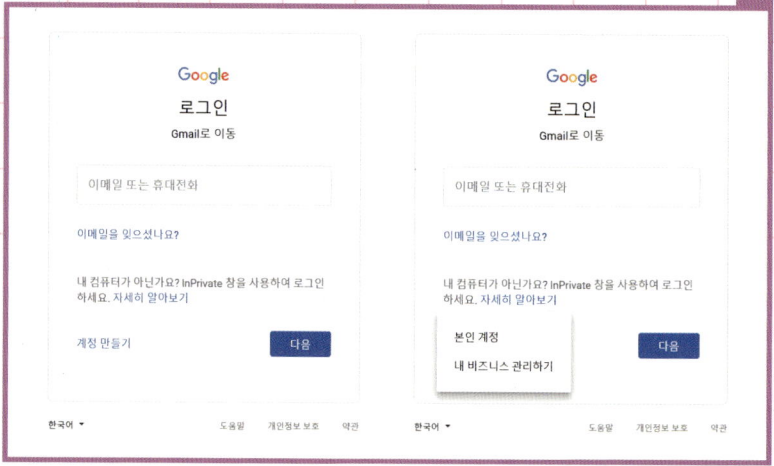

2 이름과 새로 만들 이메일 아이디, 비밀번호를 입력하고 '다음'을 클릭하세요.

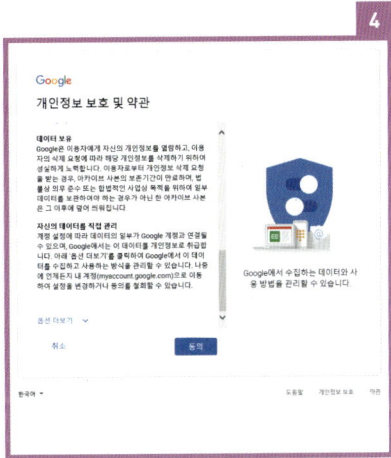
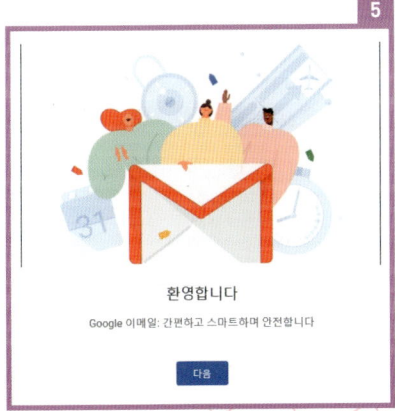

3 전화번호와 복구 이메일 주소, 생년월일 등 개인정보를 입력하고 '다음'을 누르세요.

4 '개인정보 보호 및 약관'을 확인하고 '동의'를 클릭하세요.

5 메일함으로 이동하면서 가입 환영 문구가 보이면 지메일 계정 만들기 성공!

Follow me!
유튜브 로그인하기

1 유튜브 사이트(www.youtube.com)에 접속한 다음 오른쪽 상단에 있는 로그인 버튼을 누르세요.
2 지메일 주소를 입력하고 '다음'을 클릭하세요.
3 빈칸에 비밀번호를 차근차근 넣은 뒤 '다음'을 누르면 끝!

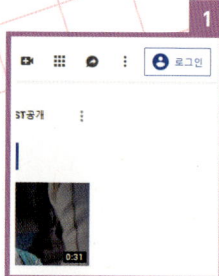

2. 유튜브 시작하기

유튜브 가입이 끝났다고 바로 동영상을 올릴 수 없어요. 방송국마다 고유의 채널이 존재하듯이 유튜브에도 나만의 채널을 만들어야 하거든요. 어떻게 채널을 만들어야 할지 모르겠다고요? 걱정하지 마세요. 옐언니가 두 팔 걷어 올리고 유튜브 채널 만드는 법을 알려줄게요! 아핫~★

1 유튜브 메인 화면 오른쪽 상단 프로필 아이콘을 클릭한 뒤 목록 중 '설정' 탭을 선택하세요.

2 새 화면이 뜨면 아래에 있는 '새 채널 만들기'를 클릭하세요.

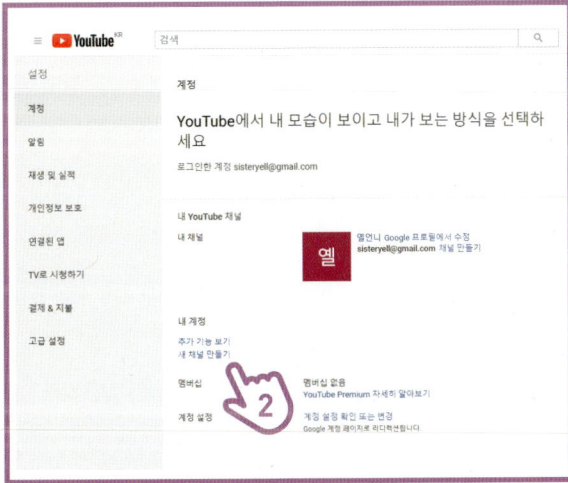

3 미리 정해둔 채널 이름을 입력하고 '만들기' 버튼을 누르세요.

4 다음과 같은 화면이 나타나면 채널 만들기 성공!

Tip 구글에서 제공하는 서비스답게 유튜브는 인터넷 익스플로러 보다 크롬에서 더 원활하게 사용할 수 있어요. 여러분도 옐언니처럼 크롬 브라우저를 설치해서 이용해 보세요.

3. 촬영 과정 알아보기

초보 유튜버들이 가장 많이 하는 실수는 아무런 준비 없이 바로 촬영에 들어간다는 거예요. 어떤 내용의 영상을 만들 것인지 제대로 고민하지 않고 촬영을 시작하면 실망스러운 결과물이 나올 수밖에 없어요. 그러니 손에 든 카메라를 잠시 내려놓고 촬영에 대해 천천히 생각해 본 뒤 촬영하는 것을 추천해요.

아이디어 정리하기

하루에도 수천, 수만 개씩 쏟아지는 유튜브 영상 속에서 살아남으려면 영상에 정확한 콘셉트가 있어야 해요. 그래서 다른 어떤 과정보다 아이디어 검토에 힘을 써야 한답니다. 당장 괜찮은 아이디어가 떠오르지 않는다고 조급해하지는 마세요. 자신이 좋아하는 것, 그동안 해보고 싶었던 것, 사람들이 흥미를 느낄 만한 것 등을 차근히 생각하다 보면 어느 순간 멋진 생각이 '번쩍!' 떠오를 테니까요.

촬영 계획하기

어떤 영상을 찍을지 결정했나요? 그렇다면 이번에는 촬영 진행을 어떻게 할 것인지에 대해 고민해 봐야 해요. 영상을 찍기 전에 미리 계획을 철저히 세워두어야 촬영 시간은 물론 나중에 편집하는 시간도 효율적으로 단축할 수 있답니다.

1 촬영 장소를 먼저 정해요. 실내에서 촬영할지, 아니면 실외에서 촬영할지에 따라서 전체적인 촬영 콘셉트와 일정이 변경될 수 있어요.

2 영상에 등장할 사람은 몇 명이 필요한지도 생각해 봅시다. 자신 외에 다른 사람도 등장해야 한다면 촬영 전에 친구나 부모님에게 도움을 요청하세요!

3 촬영 장비로 무엇이 필요한가 꼼꼼히 따져봐요. 유튜브 촬영에 필요한 장비로는 카메라와 조명, 삼각대 그리고 마이크 등이 있어요.

4 촬영하는데 시간이 어느 정도 걸릴지 미리 생각해 보는 것도 좋아요. 최대한 정해둔 시간을 넘지 않으려고 노력하다 보면 점점 촬영에 걸리는 시간이 줄어들 거예요.

대본 쓰기

유튜브를 보면 어쩜 그렇게 다들 말을 더듬거리지도 않고 잘하는지 신기하지 않나요? 애초에 말솜씨가 뛰어난 사람들도 분명 있겠지만, 대부분 촬영 전 철저히 대본을 작성한 뒤 열심히 연습한답니다. 이렇게 미리 대본을 작성하면 촬영을 매끄럽게 진행할 수 있을 뿐만 아니라 나중에 영상 편집할 때도 편집 포인트를 쉽게 찾을 수 있어 좋아요.

촬영하기

모든 준비를 끝냈다면 이제 본격적으로 촬영에 들어가야 해요. 촬영 장소로 이동한 뒤 배경을 최대한 깨끗하게 정리하고 조명과 카메라를 설치해야 합니다. 이때, 카메라 구도를 잘 잡아야만 해요. 카메라를 너무 높게 설치하거나 낮게 설치하면 보는 이로 하여금 피로감을 느끼게 할 수 있으니 최대한 정면을 향하되 영상이 흔들리지 않도록 주의해야 하죠. 마지막으로 마이크까지 설치한 뒤 미리 정해둔 대본을 자연스럽게 읽으면 유튜브 영상 촬영하기 끝!

Check it out
유튜브 촬영 필수 아이템 리스트

열심히 노력해서 촬영해도 결과물이 썩 마음에 들지 않는다면 여기를 주목하세요. 초보 유튜버에게 든든한 지원군이 되어줄 촬영 필수 장비들을 모두 공개합니다.

조명

촬영할 때 가장 중요한 요소 중 하나가 바로 조명이에요. 조명이 있느냐, 없느냐에 따라 영상의 질이 달라지거든요. 최소한 하나의 조명을 설치해야 하고, 여유가 된다면 2~3개 정도의 조명을 설치하는 것이 좋아요.

1. 일우 터치식 LED 셀카 조명

핸드폰에 간단히 연결해서 사용할 수 있는 제품이에요. 52개 고성능 LED로 강력한 조명 효과를 낼 수 있어요. 간단한 터치로 밝기 조절이 가능해 무척 편리해요. 2만5천 원.

2. 대한 링 라이트 14인치

간편한 버튼 조작으로 2700K부터 5500K까지 빛 조절이 가능하고, 색온도도 쉽게 변경할 수 있어요. 360° 각도 조절이 가능하다는 것도 장점 중 하나. 9만8천 원.

3. 슬기로운연구소 링라이트

유튜브 입문자들에게 사랑받는 대표적인 제품이에요. 3200K부터 6000K까지 색온도 조절이 가능한 것은 물론, 전구색부터 주백색, 주광색까지 다채로운 분위기를 연출할 수 있어요. 9만5천 원.

4. 룩스패드 K22H

손바닥 사이즈의 작은 조명이에요. 기존 룩스패드 K22보다 광량이 2배 밝아졌죠. 전면 터치 기능을 탑재해 편리하게 광량 조절과 색온도 조절을 할 수 있어요. 7만5천 원.

5. 룩스패드 43H

따뜻한 분위기의 3200K부터 자연스러운 5600K 주광색까지 조절이 가능한 룩스패드 43H는 특별 제작 확산 판넬을 장착해 눈부심이 없는 부드러운 빛을 연출할 수 있어요. 얇고 가벼워서 휴대가 간편하다는 것도 특징! 19만 원.

6. 오토케링 FS0480II

고광도 LED 480개가 내장돼 있어 얼굴을 보다 화사하게 만들어주기 때문에 뷰티 관련 영상을 찍을 때 안성맞춤인 제품이에요. 자체 디퓨저가 장착되어 있어 최대 광량에서도 눈부심이 덜해요. 18만9천 원.

삼각대

일정한 각도에서 흔들림 없이 깔끔하게 촬영하기 위해서는 삼각대가 꼭 필요해요. 요즘에는 합리적인 가격대의 삼각대가 많이 출시되었으니, 취향에 맞는 제품을 선택해 보세요.

1. 매틴 MS220

나일론과 유리섬유 합성 소재로 만들어져 매우 가벼운 제품이에요. 이제 막 방송을 시작한 초보자들에게 안성맞춤! 1만4천 원.

2. 매틴 MF2201

블루투스 리모컨으로 원거리 무선 촬영을 할 수 있어요. CR3 홀더로 스마트폰과 소형 카메라를 더욱 단단하게 고정할 수 있답니다.
3만7천3백 원.

3. 벨본 M43

일본의 '국민 삼각대'예요. 바닥에 미끄럼 방지 패드가 있어 어떤 장소에서도 안심하고 촬영할 수 있어요. 4만9천7백 원.

4. 벤로 BK10-II

셀카봉과 삼각대 두 가지 방식으로 사용할 수 있는 제품이에요. 360°로 움직이는 멀티 앵글 볼헤드를 적용해 여러 각도에서 사용 가능해요. 4만6천 원.

5. 조비 고릴라포드 1K

27개의 다관절 형태로 설계돼 기둥이나 나뭇가지, 철망 등에 고정해서 사용할 수 있어요. 다리를 모으면 셀카봉 형태로도 활용 가능합니다. 6만9천 원.

6. 시루이 3T-35K

2단 구조로 되어 있어 높이를 최대 27.2cm까지 확장할 수 있어요. 다리를 아래쪽으로 접어 움켜쥐면 동영상 및 사진 촬영 시 안정적인 그립감을 확보할 수 있답니다. 7만5천 원.

마이크

영상의 품질을 높일 수 있는 가장 효과적인 방법은 바로 사운드에 투자하는 것이죠. 촬영할 때 마이크를 연결해 사용하면 더 또렷하고 섬세한 소리를 영상에 더할 수 있답니다.

1. 로데 비디오 마이크로

콤팩트한 디자인의 마이크로 단자에 바로 연결해 사용할 수 있어요. 바람 소리를 막아주는 윈드쉴더가 포함돼 있어 더 깨끗한 소리를 녹음할 수 있어요. 9만 원.

2. 조이트론 TSG-PM100

깨끗하고 선명한 녹음 결과를 얻을 수 있는 무지향성 핀마이크예요. 유튜버 사이에서 이른바 '가성비 마이크'로 입소문을 타고 있죠. 기본 구성으로 있는 변환 젠더로 노트북, 컴퓨터, 핸드폰, 태블릿 PC 등 어느 기기에서나 사용 가능해요. 2만4천 원.

3. 조이트론 TSG-CM200U

콘덴서 마이크 중 가성비가 가장 뛰어난 제품이에요. 전면에 있는 MUTE 버튼을 누르면 음성 입력을 즉각적으로 차단할 수 있답니다. 별도의 C젠더를 구입하면 스마트폰과 연결해 사용할 수 있어요. 9만9천 원.

4. 컴소닉 CM-5050pro

PC의 USB 포트에 간편하게 연결할 수 있어 인터넷 방송에 딱 알맞은 마이크예요. 감도 좋은 콘덴서를 사용해 소리가 맑고 깨끗하게 녹음돼요. 3만8천9백 원.

Tip 핸드폰을 살 때 구성품으로 함께 오는 이어폰에는 기본적으로 마이크 성능이 장착되어 있어요. 이어폰의 음량 조절기 부분이 마이크 역할을 하는 것이죠. 핸드폰에 이어폰을 연결한 뒤 촬영을 하면 목소리가 훨씬 또렷하게 녹음된답니다. 단, 음량 조절기 부분에 입을 너무 가까이 대면 입에서 나오는 바람 소리로 인해 사운드 질이 더 안 좋아질 수 있으니 주의하세요.

편집하기

촬영을 끝냈다면 이제는 편집할 시간! 영상 편집에 숙달된 유명 유튜버들은 '어도비 프리미어 프로', '어도비 애프터 이펙트', '베가스 프로'와 같은 전문 편집 프로그램을 사용하지만, 이제 막 유튜브를 시작한 초보자가 사용하기에는 앞서 말한 편집 프로그램은 너무 어렵고 복잡해요.

시작부터 전문 편집 프로그램을 선택하는 것보다 무료 프로그램에 먼저 도전하는 것을 추천해요. 요즘에는 무료 프로그램도 기능이 다양하고 여러 가지 편집 효과를 줄 수 있어서 충분히 멋진 영상을 완성할 수 있답니다.

업로드하기

촬영한 영상을 유튜브에 올릴 때 핸드폰을 사용하는 것은 절대 금지! 유튜브 애플리케이션은 인터넷 사이트와 달리 섬네일이나 태그 등을 섬세하게 설정하지 못한답니다. 그러니 핸드폰으로 촬영하고 편집한 영상도 반드시 컴퓨터로 옮겨서 사이트를 통해 업로드하세요.

1 메인 화면 오른쪽 상단에 있는 업로드 아이콘을 클릭하세요.

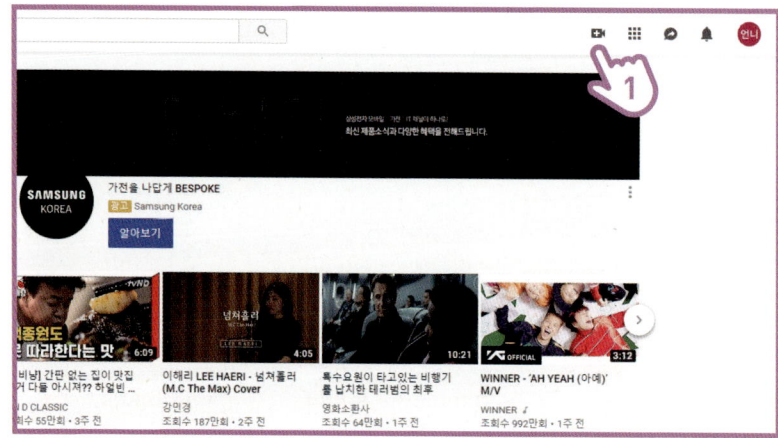

2 '업로드 할 파일을 선택'하기를 누른 뒤 컴퓨터에 미리 저장해둔 영상을 불러오세요. 직접 파일을 드래그하여 붙여도 됩니다.

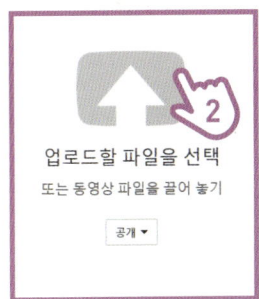

3 '개인 정보 보호'를 클릭해 '공개', '미등록', '비공개', '게시 예정' 중 하나를 고르세요.

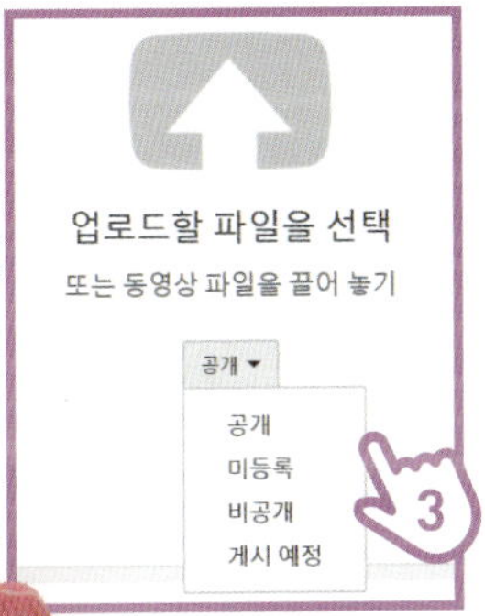

4 업로드 창이 나타나면 제목과 설명, 태그, 섬네일 등을 설정한 후 '게시' 버튼을 클릭하면 유튜브에 동영상 올리기 성공!

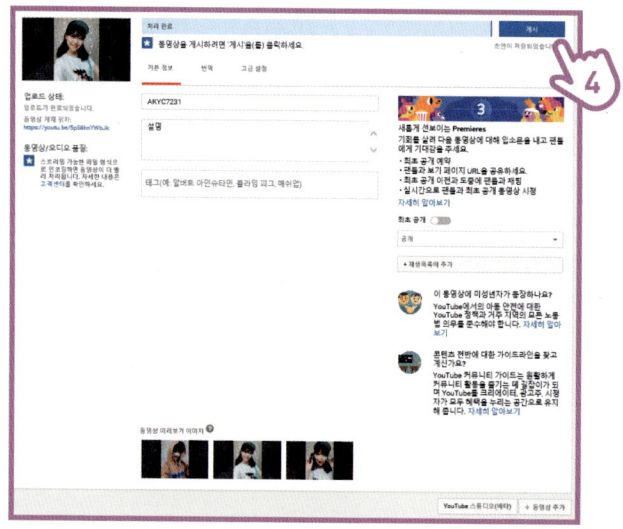

Tip 유튜브에 영상은 되도록 규칙적으로 올리는 것이 좋아요. 같은 시간대에 정규적으로 노출이 돼야 더 많은 사람의 눈에 띄기 마련이니까요. 시간대는 하루 일정을 마무리하고 유튜브를 보며 휴식을 취하는 저녁 시간이 안성맞춤! 업로드 예약 기능을 활용해 미리 동영상을 올릴 날과 시간을 설정해 두는 것도 좋은 방법입니다.

STEP 3.
옐언니의 유튜브 편집 노하우

여러 가지 무료 편집 프로그램 중 옐언니가 추천하는 것은 바로 '뱁믹스'예요. 편집 기능이 무척 깔끔하고 쉬워서 초보자들도 부담 없이 영상 편집을 할 수 있어요. 게다가 필터와 자막 효과가 유료 프로그램 못지않게 다양하니 그야말로 '개이득'! 그럼 옐언니와 함께 뱁믹스로 편집하는 법을 한번 배워볼까요? Let's go!

1. 설치 및 가입하기

1 뱁믹스 공식 홈페이지(www.vapshion.com)에 접속해 '다운로드'-'뱁믹스 다운받기'를 클릭하세요. 네이버 소프트웨어 페이지에서 뱁믹스를 검색해 다운로드 받아도 괜찮아요.

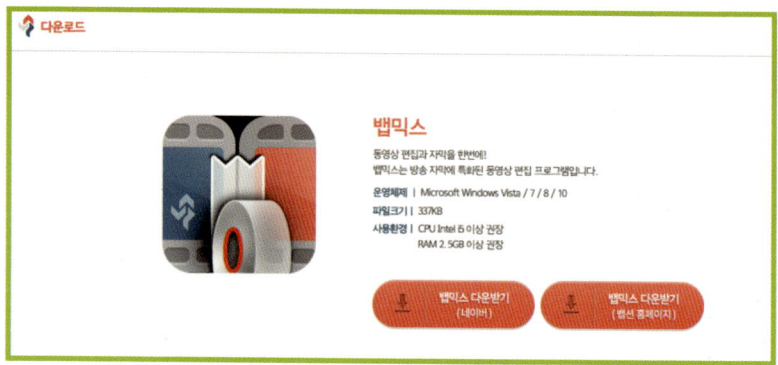

2 다운로드 받은 파일을 설치한 뒤 '시작하기'를 클릭하세요.

3 '나만의 영상을 쉽게 제작해보세요'라는 안내 문구와 함께 새 창이 열리면 아래에 있는 '무료 회원가입'을 눌러요.

4 이용약관과 개인정보 수집 및 이용동의 내용을 확인하고 '동의'를 눌러요.

5 빈칸에 이메일 주소와 비밀번호를 입력하고 '가입'을 클릭하면 뱁믹스 회원이 될 수 있어요.

2. 동영상 컷 편집하기

1 화면 중간에 있는 '사진·영상 열기' 버튼을 클릭해 편집할 영상을 선택하세요. 프로그램에 직접 동영상을 드래그 앤 드롭해 넣는 것도 가능합니다.

2 불러온 동영상이 순서대로 놓여 있는지 확인하세요. 순서를 바꾸고 싶으면 영상을 드래그 해 위치를 바꾸면 됩니다.

3 동영상 섬네일 아래에 있는 '자르기' 버튼을 클릭하세요.

4 새로운 창이 열리면 파란색 화살표를 좌우로 움직여 사용할 영상 구간을 선택한 뒤 '자르기' 버튼을 누르세요. 영상의 시작 시간과 끝 시간을 직접 입력하고 '자르기' 버튼을 눌러도 돼요.

5 동영상을 둘로 나누고 싶다면 빨간 가위 아이콘을 이동하여 원하는 위치로 옮기고 '나누기'를 누르세요.

6 가위가 위치한 구간을 중심으로 동영상이 둘로 나뉘면 완성!

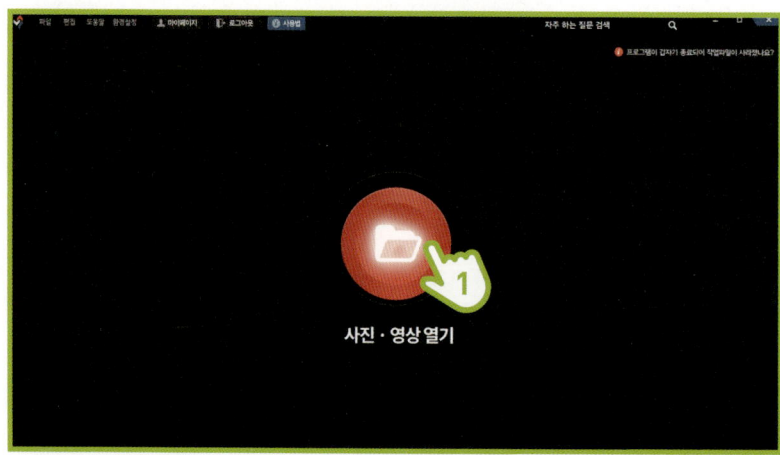

Part 3. YouTube A to Z : yell

3. 동영상 속도 조절하기

1 동영상 섬네일 위에 있는 달리는 모양 아이콘을 클릭하세요.

2 '영상 속도 설정' 창이 나타나면 원하는 속도를 입력하세요. 100%는 기본 속도, 200%는 두 배 빠르게, 50%는 절반 느리게입니다.

3 속도를 조절하면 동영상의 시간이 달라져요. 녹음된 목소리도 함께 변조된다는 사실을 잊지 마세요.

4. 화면 조절하기

1 동영상 섬네일 아래에 있는 '화면조절' 버튼을 누르세요.

2 '화면 위치 실징' 창이 뜨면 오른쪽에 있는 돋보기를 움직여 화면을 확대하거나 축소할 수 있어요.

3 '화면 회전' 탭으로 들어가면 화면을 회전시키거나 좌우반전 효과를 줄 수 있어요.

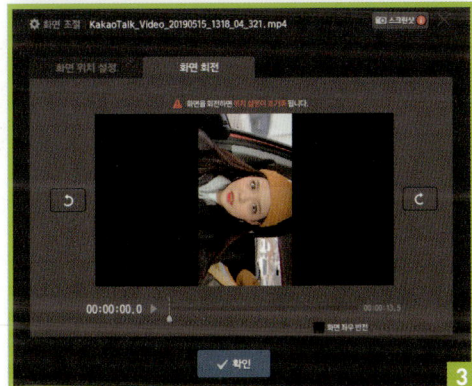

5. 사운드 설정하기

1 '배경음악 · 필터효과' 탭에서 '+배경음악'을 선택하세요.

2 '찾아보기' 버튼을 클릭해 마음에 드는 음악을 고르세요.

3 배경음악의 볼륨이나 페이드인, 페이드아웃 효과를 설정한 뒤 '확인'을 누르세요.

4 원본 영상의 소리를 줄이고 싶다면 동영상 섬네일 아래 스피커 아이콘을 클릭하면 됩니다. 한 가지 팁을 주자면 스피커 버튼을 두 번 클릭하면 바로 음소거가 되니까 참고하세요!

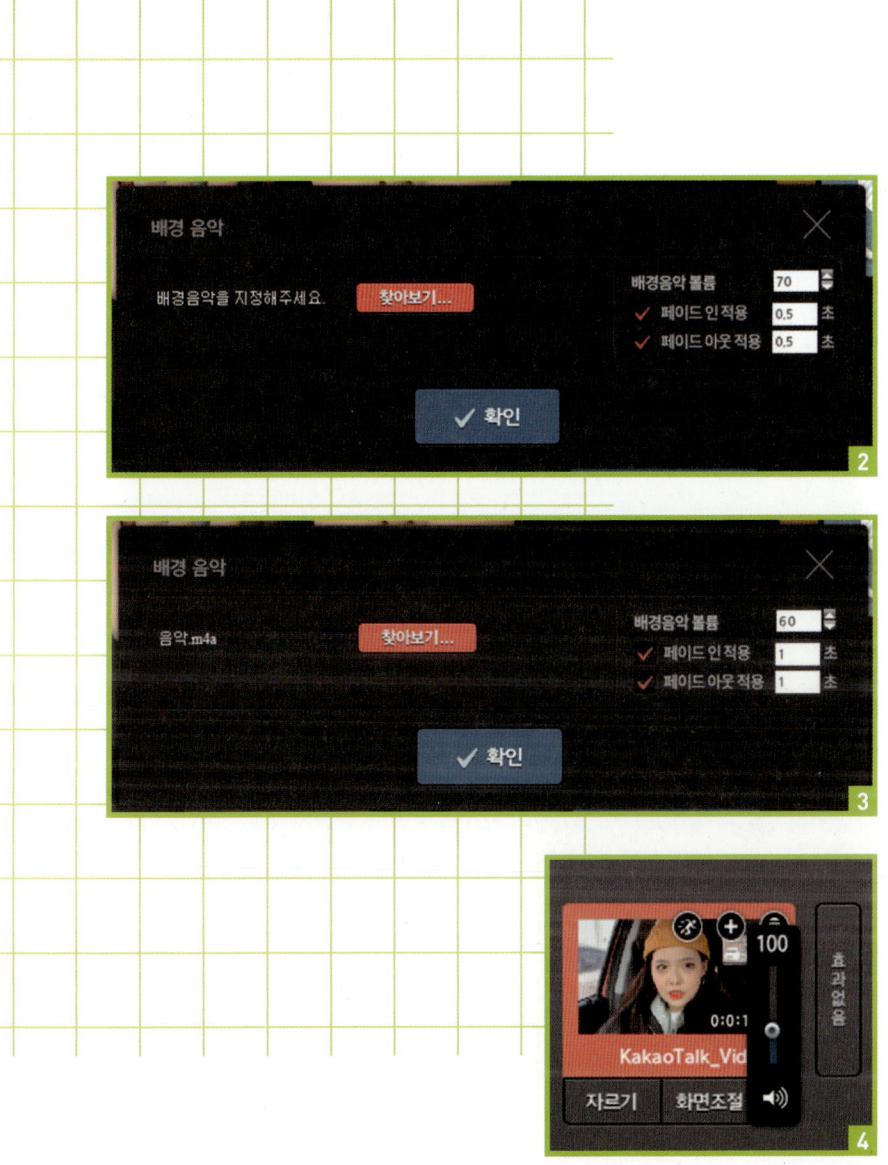

6. 필터 효과 주기

1 '배경음악·필터효과' 탭에서 '+필터' 버튼을 클릭하세요.

2 필터 선택 창에서 마음에 드는 필터를 선택하고 '확인'을 누르면 영상에 필터가 삽입돼요.

3 기본적으로 필터가 적용되는 시간은 3초입니다. 효과가 더 길게 이어지길 원한다면 필터 끝에 마우스를 댄 후 커서 모양이 변할 때 마우스 왼쪽 버튼을 클릭해서 오른쪽으로 당겨주면 됩니다.

7. 자막 넣기

1 '자막' 탭을 클릭하세요.

2 왼쪽 상단에 나타난 자막 폴더에서 '무료 자막'을 선택하세요.

3 아래 목록에서 사용할 자막을 더블 클릭하세요.

4 미리 보기 화면에 자막이 삽입된 것을 확인하고 더블 클릭하면 글을 입력할 수 있는 커서가 생겨요. 이곳에 원하는 텍스트를 입력하세요.

5 자막을 화면에 띄우는 시간이나 색, 크기 등을 설정할 수도 있어요.

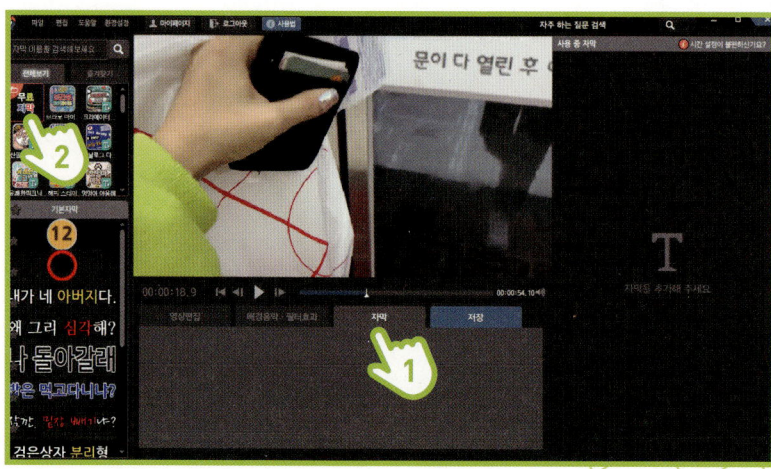

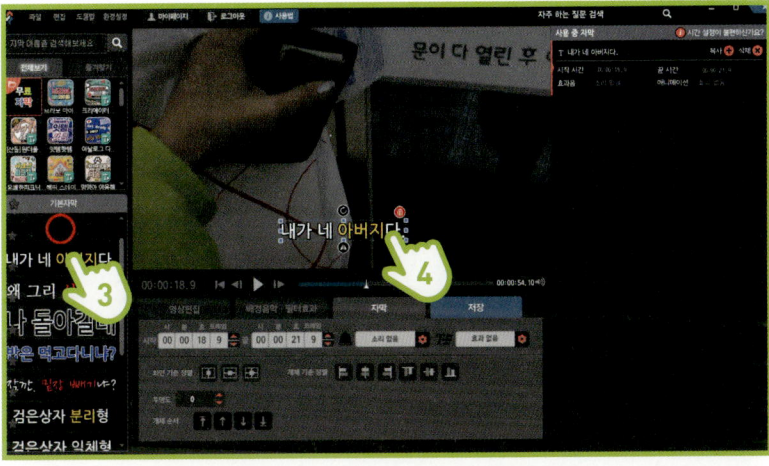

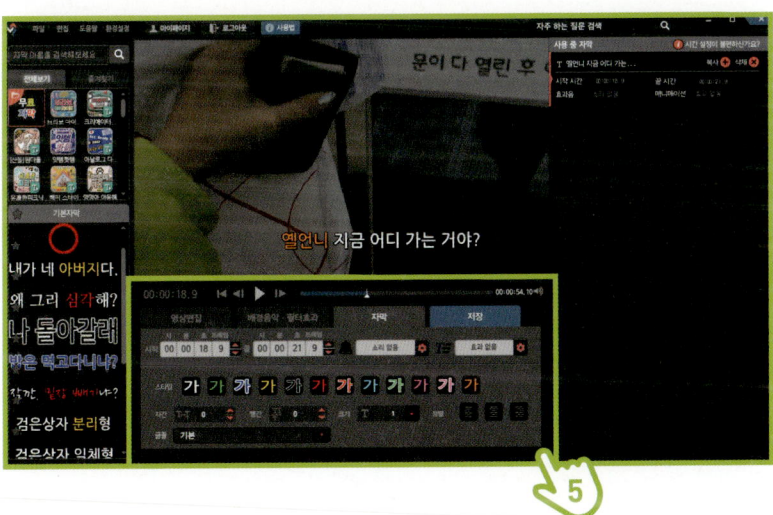

8. 자막 효과음 넣기

1 자막을 넣은 상태에서 '소리 없음'을 누르세요.

2 효과음 창이 나타나면 목록에서 원하는 효과음을 선택하거나 '효과음 추가'를 클릭해서 사용자 효과음을 추가하면 됩니다.

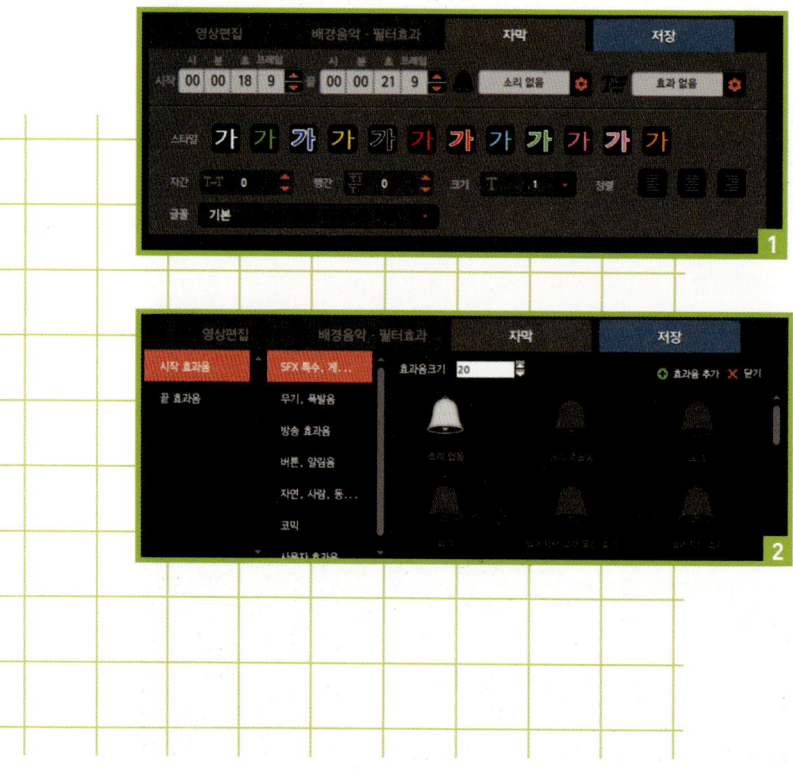

9. 자막 편집하기

1 자막을 넣은 상태에서 '효과 없음'을 클릭하세요.

2 기본 애니메이션 중 원하는 것을 선택하고 '닫기' 버튼을 누르면 자막에 애니메이션이 적용돼요.

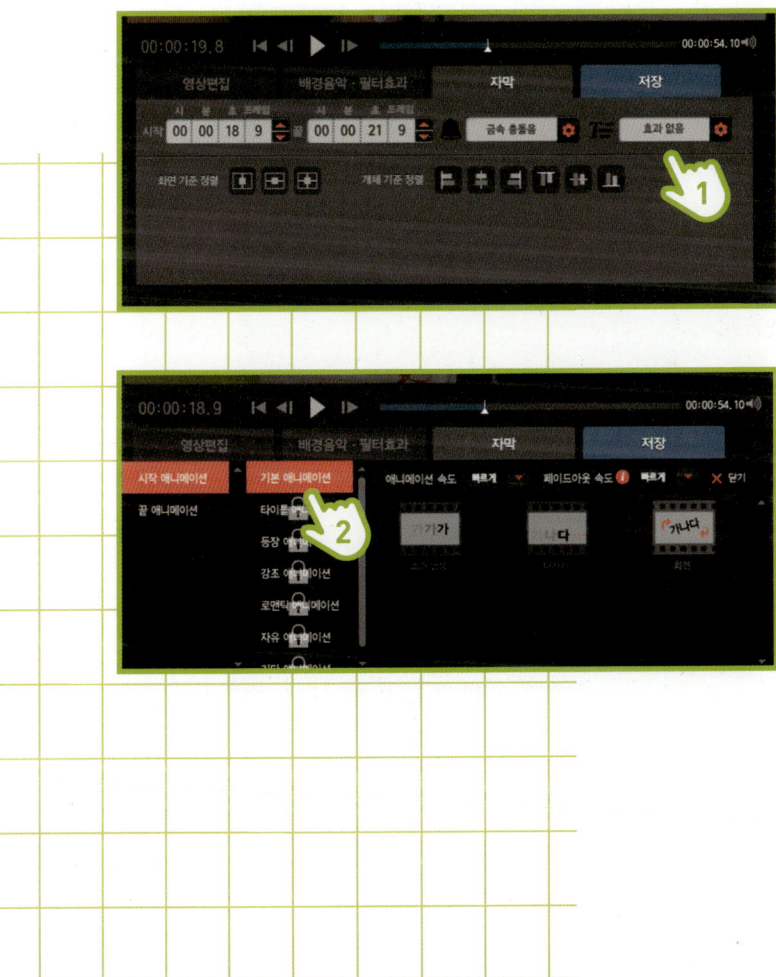

3 자막의 투명도 조절을 하고 싶다면 자막이나 그림을 한 번 클릭하세요.

4 아래 설정 창이 뜨면 직접 숫자를 입력하거나 화살표를 눌러 투명도를 설정하세요. 100에 가까울수록 자막이 투명해져요.

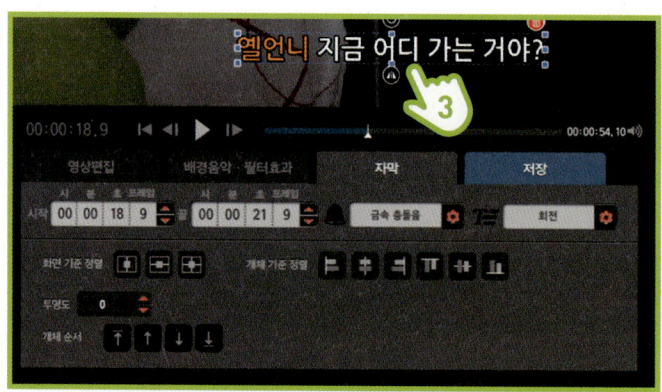

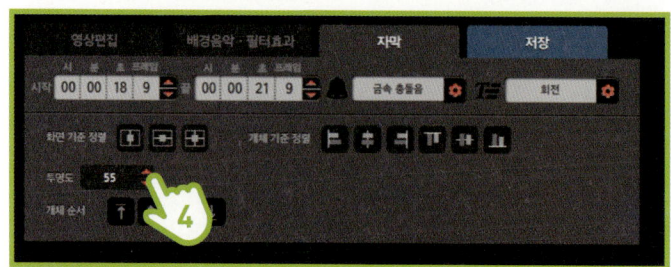

10. 저장하기

1 '저장' 탭에서 '동영상 파일 저장'을 클릭하세요.

2 파일 크기와 형태를 살펴본 뒤 '확인' 버튼을 누르면 저장됩니다. 기본적으로 해상도 1280x720인 MP4 파일의 동영상이 완성됩니다.

3 아직 동영상을 다 완성하지 못했다면, '프로젝트 파일 저장'을 클릭해 작업 내역이 저장하세요. 나중에 동영상을 따로 불러와 수정 작업을 추가로 할 수 있어요.

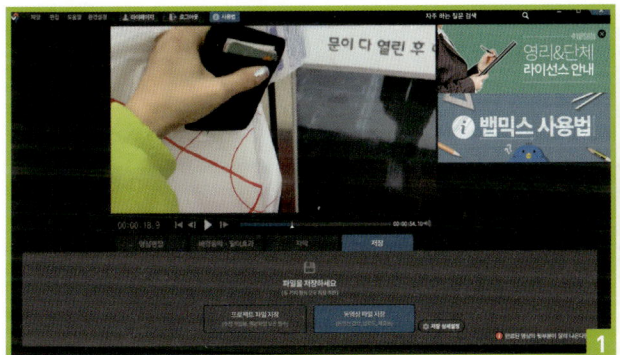

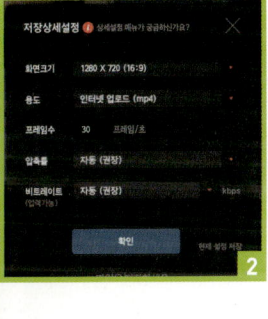

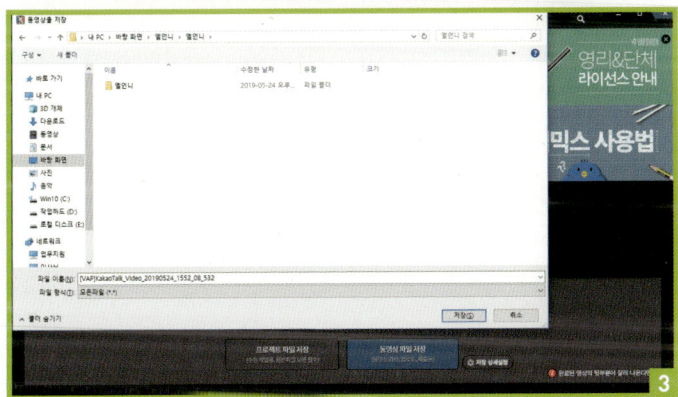

Check it out
열언니가 강추하는 무료 편집 프로그램 리스트

I. PC 편집 프로그램

곰믹스

유명 동영상 플레이어 중 하나인 '곰플레이어'를 만든 회사에서 제작한 툴이에요. 포털 사이트에 '곰믹스'를 검색한 뒤 홈페이지에 접속해 다운로드 받으면 됩니다. 전체적인 구성이 매우 깔끔하고 사용하기 간편해요.

파워디렉터 15

예전에는 유료 프로그램이었으나 최근 네이버에서 무료로 배포 중이에요. 영상 이펙트와 텍스트 효과, 화면 전환 같은 기술 품질이 꽤 우수한 편이죠. 그러나 컴퓨터가 구형일 경우 프로그램이 약간 무겁게 느껴질 수 있으니 주의하세요.

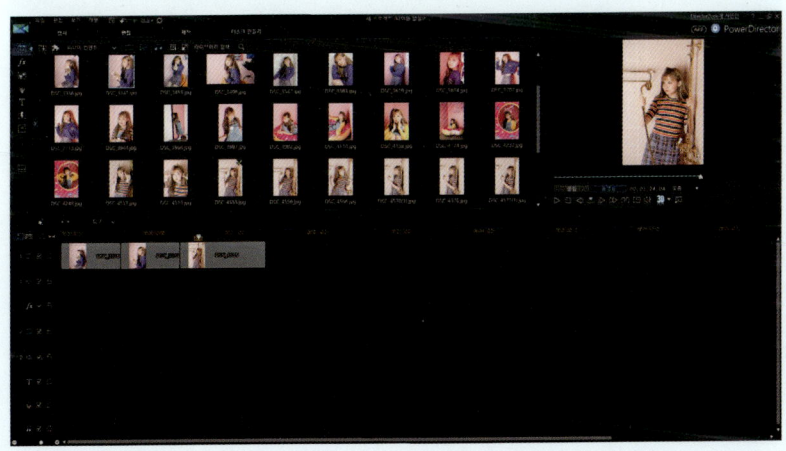

다빈치 리졸브

여러 유튜버들이 입문자용으로 강력 추천하는 편집 프로그램. 간편한 편집 과정에도 불구하고 동영상 색 보정 기능이 무척 뛰어나요. 또한, 몇몇 영상 편집 프로그램과 다르게 영상을 만들었을 때 워터마크가 없다는 것도 특징 중 하나예요.

모바비

영상 편집을 처음 배우는 초보자들도 몇 번 다뤄보면 쉽게 이해할 수 있을 정도로 스테이지, 타임라인, 메뉴 등을 간소화해 사용이 간편해요. 유료 버전과 달리 사용할 수 있는 기능이 한정적이지만, 기본적으로 이미지 화질 개선이나 트랜지션 효과, 인코딩 확장자 등 영상 편집에 필요한 기능과 옵션을 제공하기 때문에 충분히 괜찮은 영상을 만들어 낼 수 있습니다.

2. 애플리케이션 편집 프로그램

비바비디오

무료 동영상 편집 앱을 검색하면 제일 먼저 나오는 프로그램이에요. 특색 있는 자막 툴로 나만의 영상을 쉽고 간편하게 만들 수 있어요. 그러나 무료 버전은 화질 제한이 있어서 또렷한 느낌의 영상을 만들지 못하는 점이 아쉬워요.

키네마스터

아이폰과 안드로이드 모바일에서 사용할 수 있는 동영상 편집 앱. 비디오 및 이미지, 텍스트 등의 멀티 레이어를 할 수 있어요. 게다가 정밀한 자르기 및 트리밍, 오디오 멀티 트랙, 상세 볼륨 조정, 컬러 LUT 조정, 3D 장면 전환 외 다수의 효과 및 기능을 지원한답니다.

인샷

아이폰에서만 사용할 수 있는 편집 앱이에요. 4가지 타입으로 나뉜 다양한 음악을 삽입할 수도 있죠. 여러 가지 텍스트와 귀여운 스티커를 간단히 넣을 수도 있어 편집이 처음인 친구들에게 안성맞춤이에요. 브이로그와 같은 일상 영상을 만들 때 추천해요.

블로

IOS에서만 다운 가능한 애플리케이션이에요. 원래는 '비모'라는 이름을 사용했지만, 얼마 전 '블로'라는 이름으로 변경해 업그레이드했어요. 화면비율, 배경색, 전환 효과, 움직이는 스티커, 배경음악 등 다양한 기능을 실행할 수 있답니다. 유료 버전을 결제하지 않더라도 영상 편집 후 워터마크가 남지 않는다는 점도 큰 장점.

퀵

'귀차니즘'인 사람들에게 완전 딱이에요. 자동으로 만들어주는 다양한 탬플릿이 있기 때문이죠. 영상을 불러온 뒤 원하는 템플릿을 선택하면 배경음악과 효과가 자동으로 적용됩니다.

#이모티콘 따라하기

'병맛' 옐언니 레전드 틱톡 영상 모음 2

Sister Legend ; yell

#묵찌빠_묵찌빠

묵찌빠, 묵찌빠! 묵은 죽탱이! 묵찌빠, 묵찌빠! 찌는 눈깔 찌르기!

Sister Legend ; yell

묵찌빠, 묵찌빠! 빠는 싸대기! 아, 싸대기! 아, 죽탱이!
아, 찌르기! 아, 싸대기! 묵찌빠, 묵찌빠! 컹!

#소리질러 예_이

louder! louder! **louder!**

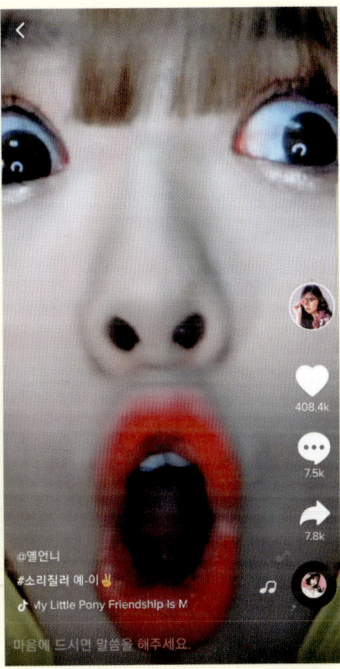

#노파파 대왕하리보

Yes, papa! eating Sugar? No, papa!

Telling lie? No, papa! Open mouth.

Yes, papa! eating Sugar?
No, papa! Telling lie?
No, papa! Open mouth.

#육시칼퇴

엄마, 아빠 언제 와? 빨리 와! 1, 2, 3, 4, 5, 6! 시계! 1, 2, 3, 4, 5, 6! 육시!
1, 2, 3, 4, 5, 6! 스마일! 1, 2, 3, 4, 5, 6! Bye, Bye! 1, 2, 3, 4, 5, 6! 육시 칼퇴! 육칼!

키보드 우다다다다다!

1, 2, 3, 4, 5, 6! Bye, Bye!

Sister Legend ; yell

STEP 1.

옐언니의 인생역전 무엇?

24시간이 모자라!

2017년 가을, 우연히 알게 된 틱톡으로 인해 제 삶은 그야말로 180도 바뀌었어요. 졸업을 앞둔 평범한 대학생 최예린은 안녕! 동영상 크리에이터 옐언니로 멋지게 다시 태어났답니다. 아핫~★

유명 연예인처럼 인터뷰를 하고 프로필 사진과 화보를 찍는 것은 기본! 최고의 크리에이터 크루로 손꼽히는 'KST TEAM'에 들어간 데다가, 틱톡 광고의 주인공이 되는 행운을 누리기도 했죠. 틱톡을 만난 후 재미있고 신기한 일들로 가득 들어찬 옐언니의 일상을 여러분에게 살짝 공개할게요!

Episode 1 틱톡 파티 주인공은 나야, 나!

한국에서 처음 열린 틱톡 파티에서 발생한 대박 사건! 옐언니가 팬분들의 아낌없이 전해 주는 지지와 사랑 덕분에 동영상 공유수가 제일 많은 틱톡커로 뽑혀 상을 받았어요. 까 울! 상을 딱 받는 순간 어찌나 기쁘고 행복하던지! 게다가 여러 틱톡커 중에 대표로 선정 돼 파티에 참석한 사람들 앞에서 저의 이야기를 할 기회가 주어져 무척 영광스러웠어요.

◀ 국내에서 처음으로 개최된 틱톡 파티. 틱톡에 대한 관심과 열기가 정말 뜨거웠다고요!

▲ 틱톡 파티에서 받은 상과 찰칵! 상 받아서 옐언니 기분 좋아져쓰~

Episode 2 세계로 뻗어 나가는 옐언니

옐언니의 매력이 해외까지 소문난 것일까요? 2018년 여름, 인도네시아 틱톡 국제 갈라에 초대받았어요. 행사는 총 3박 4일로 진행되었는데, 여러 가지 스케줄이 미리 계획되어 있어서 정말 눈코 뜰 새 없이 바빴어요.

수많은 일정 중 가장 기억에 남는 것은 바로 갈라에 참여한 틱톡커들에게 주어진 한 가지 미션이었어요. 무작위로 팀을 짜서 영상 하나를 만들어 오라는 것이었죠. 하트 수가 가장 많은 영상이 1등을 하는 방식이었어요.

틱톡의 초대를 받아 인도네시아까지 날아간 옐언니! 가장 먼저 인도네시아의 한 백화점에 있는 틱톡 팝업 스토어를 방문했어요.

◀ 전 세계 어디에서나 만나볼 수 있는 틱톡 로고와 한 컷 찍었쥬!

◀ 인도네시아 틱톡 갤러리에는 여러 가지 즐길거리가 가득했답니다.

Part 4. Sister + α ; yell

231

저도 각 나라에서 온 틱톡커들과 함께 영상을 만들어야 했어요. 하지만 도무지 말이 통하지 않으니 현장은 아수라장. 정신은 멘붕 직전! 급하게 번역기를 돌려가며 의사소통을 했는데, 그래서인지 짧은 영상 하나 만드는 것도 무척 힘들더라고요.

우여곡절 끝에 완성한 영상은 그 당시 팀원 중 팔로우 수가 가장 많았던 제 계정에 올렸어요. 그런데 놀랍게도 우리 팀이 1등을 한 거예요! 전혀 기대도, 예상도 하지 못한 상황이라 믿기지가 않았죠. 팀원들도 함께 기뻐하며 아주 난리를 쳤답니다. 말은 통하지 않았지만, 틱톡으로 하나 되는 순간이었어요.

본격적인 인도네시아 틱톡 갈라 시작! 전 세계 틱톡거들이 한 자리에 모였어요.

Episode 3 요건 몰랐지? 옐언니의 깜짝 사인회

DMC에서 틱톡 홍보 행사가 열린 적이 있어요. 틱톡커가 참여하는 이벤트가 있는 것은 아니었기에 저는 행사장에 가지 않아도 됐어요. 하지만 괜히 궁금한 마음에 무작정 찾아갔죠.

그러자 행사장에 있던 어린 학생들이 저를 발견하고는 우르르 몰려왔고, 의도치 않게 깜짝 사인회를 열게 되었어요. 처음에는 예상치 못한 상황에 깜짝 놀랐지만, 팬들과 즐거운 시간을 보낼 수 있게 되어 행복했답니다. 다음번에도 이런 서프라이~즈 이벤트 한 번 해볼까나?

무작정 찾아간 틱톡 홍보 행사장에서 '틱돌이'와 인증 사진 찍었쥬~

Episode 4 어색해도 프로답게! 걸스빌리지 촬영

유튜브 채널인 '걸스빌리지'에 출연하게 되었어요. 교복을 입는 콘셉트라서 재미있을 거 같았죠. 하지만 막상 스튜디오에 방문하자 심장이 막 두근, 두근! 얼마나 떨렸는지 몰라요. 늘 혼자 촬영하다가 수많은 카메라 앞에 서서 여러 사람과 함께하려니 어색하기 짝이 없었어요. 그래도 겉으로는 티 내지 않고 프로답게 촬영을 마무리하려고 노력했답니다. 영상을 본 친구들, 저 괜찮았나요? 다음번에는 더 잘 할 수 있을 거 같은데 말이죠. 걸스빌리지! 옐언니 또 초대해주세요!

재미있고 유쾌했던 걸스빌리지 촬영 현장! 또 가고 싶어요!

Episode 5 핫하다, 핫해! 옐언니의 인기 실화?

그렇게 열심히 활동한 덕분일까요? 시간이 지나면 지날수록 저를 알아보는 사람들도 점점 늘어나더라고요. 가끔 길을 걷다 보면 제게 사인을 요청하거나 사진 촬영을 부탁하는 친구들을 만나게 되는데, 그럴 때마다 정말 신기하면서도 기쁘고, 또 감사했어요. 아직 부족한 게 많은 저라는 사람을 알아봐 주고 좋아해 주시니까요.

그런 제 마음을 어떻게 표현할 수 있을까 고민하다가 2019년 4월에 〈어떻게 너라는 행운이〉라는 음원을 발표했답니다. 비록 서툰 노래 실력이지만, 팬들을 향한 제 사랑을 표현할 수 있어서 정말 좋았어요. 지금의 저를 만들어준 것은 다름 아닌 팬 여러분들이에요!

팬들에 대한 저의 하트를 듬뿍 담은 노래 〈어떻게 너라는 행운이〉 녹음 현장!
노래에 담긴 제 하트, 탈 전달 되었나용?

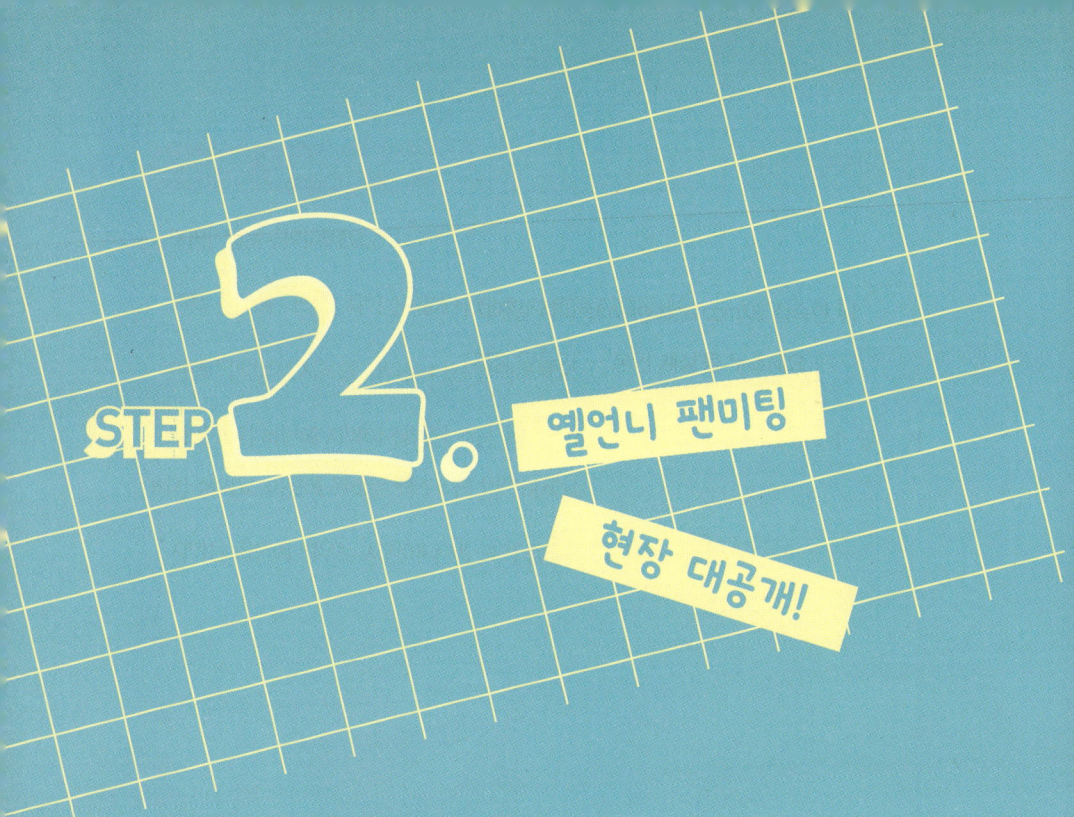

STEP 2. 옐언니 팬미팅 현장 대공개!

여러분! 옐언니 사고쳤어유! 무슨 사고냐고요? 바로, 바로, 바로! 첫 번째 팬미팅을 개최하기로 한 것이죠! 까악! 사실 연예인도 아닌 제가 무슨 팬미팅인가 싶어 수백 번, 수천 번 고민했어요. 하지만 팬들을 직접 만날 수 있는 기회를 놓치고 싶지 않았답니다. 그래서 큰맘 먹고 열게 된 옐언니의 첫 번째 팬미팅! 그 현장이 궁금아시다면 지금 저를 따라오세요!

옐언니의 두근두근 첫 팬미팅

저의 첫 번째 팬미팅이 2019년 3월 16일 토요일에 열리는 것으로 정해졌을 때, 마냥 신나고 즐겁기만 했어요. 그동안 온라인상으로만 만났었던 팬들을 직접 만나볼 수 있게 되었으니까요. 게다가 옐언니의 든든한 지원군, 신사장과 유링딩도 팬미팅에 와주신다고 해서 별다른 걱정을 하지 않았어요.

하지만 대망의 팬미팅 당일이 되자 어찌나 떨리고 긴장되던지! 심장이 쿵, 쿵 뛰다 못해 입 밖으로 튀어나올 것만 같았죠. 지금껏 여러 행사에서 팬들을 만난 적은 있었지만, 오직 나만을 위한 팬미팅을 하는 건 처음이었으니까요. 결국, 팬미팅 전 청심환을 먹어 떨리는 마음을 겨우 진정시켰답니다.

신사장이 직접 준비한 슬로건을 들고 다 같이 치~즈!

Part 4. Sister + α ; yell

어서 와! 옐언니 팬미팅은 처음이지?

그렇게 시작된 팬미팅에는 약 40명의 팬이 찾아와주셨어요. 오직 저를 보기 위해 자리에 참석해주셨다는 것이 정말 신기했죠. 나중에 팬분들께 물어보니 부산, 일본 등 아주 먼 곳에서 오신 분도 계시더라고요. 제가 뭐라고 이렇게 어려운 걸음을 하셨나 싶어서 죄송스러운 마음이 들었어요.

그분들을 위하는 길은 오직 하나! 바로 팬미팅을 더욱 재미있게 하는 것이죠. 저를 찾아온 팬들을 위한 다양한 이벤트와 소정의 선물을 준비했답니다. 2시간 남짓한 짧은 시간이었지만, 정말 재미있고 즐거웠어요. 팬들과 한 공간에 있어서 너무 포근하고 행복했죠. 옐언니의 첫 번째 팬미팅에 참석하지 못해 아쉽다고요? 그런 친구들을 위해 조만간 두 번째 팬미팅을 열 예정이랍니다. 첫 번째 팬미팅 때 아쉬웠던 점을 보완해 더 큰 규모로 찾아올 테니 기대해주세요! 아핫~★

팬미팅의 하이라이트 코너였던 〈옐언니를 맞춰라!〉. 누가, 누가 '옐잘알(옐언니를 잘 아는 사람)'인지 한 번 겨뤄볼까요?

옐언니 첫 번째 팬미팅의 MC는 신사장과 유링딩! 전문 MC 못지않은 입담으로 진행이 아주 술술~

<옐언니를 맞춰라>에서 정답을 맞춘 팬들과 셀카를 찍었답니다.

15초면 충분해, 틱톡!

초판 1쇄 2019년 6월 21일
초판 6쇄 2019년 12월 16일

지 은 이 옐언니
펴 낸 이 권기대
펴 낸 곳 베가북스
총괄이사 배혜진
편   집 강하나, 박석현
디 자 인 박숙희
마 케 팅 황명석, 연병선
포토그래퍼 스냅독 @s.napdog

출판등록 2004년 9월 22일 제2015-000046호
주   소 (07269) 서울특별시 영등포구 양산로3길 9, 201호
주문 및 문의 (02)322-7241   팩스 (02)322-7242

ISBN 979-11-86137-99-4 13590

이 도서의 국립중앙도서관 출판예정도서목록(CIP)은 서지정보유통지원시스템 홈페이지(http://seoji.nl.go.kr)와
국가자료종합목록시스템(http://www.nl.go.kr/kolisnet)에서 이용하실 수 있습니다. (CIP 제어번호: CIP2019021793)

※ 책값은 뒤표지에 있습니다.
※ 좋은 책을 만드는 것은 바로 독자 여러분입니다.
   베가북스는 독자 의견에 항상 귀를 기울입니다.
   베가북스의 문은 항상 열려 있습니다.
   원고 투고 또는 문의사항은 vega7241@naver.com으로
   보내주시기 바랍니다.

홈페이지 www.vegabooks.co.kr
블로그   http://blog.naver.com/vegabooks.do
인스타그램 @vegabooks   트위터 @VegaBooksCo   이메일 vegabooks@naver.com